养育女孩

让孩子幸福一生的教养细节

〔日〕正司昌子 著
周志燕 译

中国纺织出版社有限公司
国家一级出版社
全国百佳图书出版单位

原文书名：「幸せな女の子」を育てる母親講座
原作者名：正司昌子
'SHIAWASENA ONNANOKO' WO SODATERU HAHAOYAKOUZA
Copyright © 2010 Masako SHOJI
First published in Japan in 2010 by PHP Institute, Inc.
Simplified Chinese translation rights arranged with PHP Institute, Inc.
through CREEK & RIVER CO.,LTD. and CREEK & RIVER SHANGHAI CO., Ltd.
本书中文简体版经经日本 PHP 研究所授权，由中国纺织出版社有限公司独家出版发行。
本书内容未经出版者书面许可，不得以任何方式或任何手段复制、转载或刊登。

著作权合同登记号：图字：01-2018-4325

图书在版编目（CIP）数据

养育女孩：让孩子幸福一生的教养细节 /（日）正司昌子著；周志燕译. — 北京： 中国纺织出版社有限公司，2019.10
ISBN 978-7-5180-6740-4

Ⅰ.①养… Ⅱ.①正… ②周… Ⅲ.①女性—家庭教育 Ⅳ.① G78

中国版本图书馆 CIP 数据核字（2019）第 219134 号

责任编辑：李凤琴　　责任印制：王艳丽

中国纺织出版社有限公司出版发行
地址：北京市朝阳区百子湾东里 A407 号楼　邮政编码：100124
销售电话：010 — 67004422　传真：010 — 87155801
http://www.c-textilep.com
官方微博 http://weibo.com/2119887771
北京玺诚印务有限公司印刷　各地新华书店经销
2019 年 10 月第 1 版第 1 次印刷
开本：880 毫米 ×1230 毫米　1/32　印张：5
字数：100 千字　定价：39.80 元

凡购本书，如有缺页、倒页、脱页，由本社图书营销中心调换

前言
宝贝，我想把幸福送给你

培养幸福的女孩要从幼年开始。

妈妈们可以帮助女儿生活得更幸福。

无论什么时代，妈妈们都是怀着"希望我的孩子拥有幸福的人生"的愿望养育孩子的。家有女儿的妈妈对此的渴望程度或许还会更强烈一些。

那么，怎样才能拥有幸福的人生呢？

当今社会有些人过分看重物质和金钱，或许我们周围就存在觉得"只要有钱，就能幸福地生活"的人；或许存在觉得"只要会学习，拥有高学历，就能幸福地生活"的人。或许学历是我们拥有幸福生活的条件之一，但是，这些东西即使我们获得了，也可能会在某一天贬值。而且如果我们的周围出现了比我们更有钱、更会学习，学历更高的人，我们或许瞬间就会自惭形秽，烦恼顿起。

我已走过人生漫长的岁月，所以我见过很多金钱迅速蒸发、学历变得没用的实例。我觉得，即使这些东西都消失了，也还拥有一颗能感受到自己的人生很幸福的心，这才是真正幸福的人；即使一无所有，也能感受到幸福的人，才是知道"什么是真正的幸福"的人。

那么，父母怎么做才能把幸福作为礼物送给孩子呢？孩子要想拥有感知幸福的能力，必须具备什么呢？我觉得孩子必须具备"温柔"这种特质。

遗憾的是，这种被称为幸福之本的重要特质，正逐渐从这个世界消失。

走在街上，我时常能看到边严厉训斥孩子边走路的妈妈——孩子则无精打采地跟在妈妈的身后。用让外人听来都觉得痛心的话语骂孩子的妈妈，总是摆出一副臭脸给孩子看的妈妈，和孩子并排坐在电车的座位上却一句话也不说的妈妈……如今，不仅每个家庭在餐桌上愉快交谈的次数有所减少，妈妈们微笑的次数也在逐渐变少。

但即便是上述我列举的这些妈妈，她们在内心深处也是希望孩子拥有幸福的，她们也想把"温柔"传递给孩子。

那么，如何做才能把女儿培养成人见人爱、拥有幸福人生的温柔女子呢？如果想让孩子拥有温柔的性格，具体该怎么做呢？其实，这并不是什么特别难的事。在这本书中，我想和大家一起探讨具体的做法。

我在经营一家名为"Rekutasu教育研究所"的幼儿教育机构。因此，在这本书中，我不光介绍要培育女孩的"温柔之心"，妈妈该做什么，还介绍在女孩应具备的生活能力以及数字、语言、学习等教育方面，妈妈应该做哪些事。

孩子都非常喜欢妈妈。无论哪个孩子都具备向妈妈学习生活必备技能的能力。请妈妈们在自己力所能及的范围内，从自己会的事开始教起吧！毕竟孩子终究要走自己的路，而妈妈是孩子的第一任老师，是孩子的引路人。

正司昌子

目录 Contents

第一章　愿孩子拥有一个幸福的未来

把爱和力量传递给孩子　003
　　培养人见人爱的女孩　003
　　培养生存能力强的女孩　005
　　培养内心温柔的女孩　007
　　时常和孩子亲密接触　008

妈妈是女儿的榜样　010
　　妈妈与女儿的理想关系　010
　　妈妈是女儿的榜样　012
　　一定程度的严格是需要的　013

把愉快的生活态度传递给孩子　017
　　让孩子拥有丰富的"体验"　017
　　把学习的快乐传递给孩子　019
　　培养孩子的"会话能力"　021
　　培养孩子的"生活力"　023

第二章　养育女孩从生活细节开始

养育女孩从生活细节开始　029
　　让孩子拥有体贴之心　029
　　学会好好打招呼　032
　　准确地使用敬语很重要　035
　　当小帮手，让孩子逐渐掌握各种技能　037
　　做菜也是一件放手让孩子去做的事　039
　　立下约定，妈妈也要好好遵守　041

培养女孩的文明礼仪　046
　　将女孩培养成善于倾听的人　046
　　提高女孩的语言表达能力　053
　　提升孩子的表现力　056
　　会笑的女孩最美　060

希望女孩拥有"丰富的内心世界"　064
　　先让孩子拥有自信吧　064
　　提升孩子的长处吧　068
　　让短处发挥积极作用吧　072
　　有良好内在的女孩，看起来很美　074
　　率直的孩子都成长得好　077
　　将女孩培育成有品格的人　081

第三章　请将女孩培养成喜欢学习的孩子

放手让孩子去经历吧　087

培养生活所需的数感　089

　　女孩更有必要学算术　089

　　增加接触"数字"的机会　090

　　做吟诵数字的练习　093

　　让孩子认识"数量"　094

　　教孩子把握"数字"和"数量"　097

培养生活所需的"感觉"　101

　　教孩子看时钟　101

　　教孩子认识日期和星期　102

　　制作日历，教孩子认识季节　104

　　培养孩子的左右感　105

　　教孩子认识斜线　106

　　请不要吝于教孩子使用剪刀　108

培养孩子的文字能力　112

　　读书给孩子听，丰富孩子的语言和心灵　112

　　让孩子通过玩游戏记住词语　115

　　深受孩子喜欢的四字成语　118

　　给孩子写简单的信　120

　　让文字变为近在身旁的东西　122

第四章　请把幸福生活的姿态展示给孩子

相信孩子的能力　127

　　让孩子去体验失败　127
　　父母真正有必要为孩子做的事　129
　　和孩子一起成长　130

请把幸福生活的姿态展示给孩子　133

　　请精心培养你的女儿吧　133
　　父母的话对孩子的影响很大　135
　　请重视孩子的梦想　139
　　妈妈的笑脸有多重要　141
　　送给妈妈们一首诗　143

后记　幸福是由妈妈传递给孩子的　147

第一章
愿孩子拥有一个幸福的未来

> 比让孩子成功更重要的是,让孩子幸福。如果妈妈希望自己的女儿拥有一个幸福的未来,请先给孩子一个"幸福的背影"。女孩都是在妈妈用笑容和幸福的姿态所营造的氛围中,逐渐成长起来的。

从妈妈那里得到充足的爱、怀有幸福感的孩子会觉得「这真是一个充满快乐的世界」。

把爱和力量传递给孩子

> 当孩子感受到爱、归属感和自我价值时，他们就有了开发自己的潜能，从而成长为一个快乐的、幸福的，并对社会有用的人。

培养人见人爱的女孩

我想，凡是生了女儿的妈妈，内心深处都是希望把女儿培育成人见人爱的温柔女孩，希望她幸福一生的吧！

那么，如何做才能把女孩培育成人见人爱的孩子呢？人见人爱的孩子都是什么样的呢？

如果想把女孩培育成人见人爱的孩子，首先，和孩子最亲近的妈妈应爱孩子。其次，妈妈应让孩子的内心充满爱和幸福感。从妈妈那里得到充足的爱、怀有幸福感的孩子会觉得"这真是一个充满快乐的世界"。如此一来，孩子自然就能以不带任何消极情绪的可爱姿态在人见人爱的良好环境中逐渐成长。

将女儿培养成人见人爱的孩子，是妈妈的责任。如果妈妈心中没有爱,没有一颗充满温柔的心,或心中充满了不满,应该就无法把爱和温柔传递给孩子。

一个人如果想得到别人的爱,应先爱自己。而且,只有会爱自己的人,才会爱别人,也才会被别人所爱。

那么,我们如何才能爱自己呢?

不爱自己的人,通常不仅过度自卑,还深信"自己很没用",或在与人比较后,产生"他有如此优秀的一面,而我却一无是处"等否定自我的想法。但是,无论你多么自卑,多么羡慕别人,多么想效仿"他(她)",成为像"他(她)"一样的人,你只能是你,永远无法成为除你之外的任何人。换言之,在你面前,只有一条接纳自己的路可走。

假设你是一朵开放在原野上的蒲公英。当你看到一朵漂亮的卡特兰时,你的想法是"真想像卡特兰一样漂亮地绽放生命"?还是"卡特兰真漂亮,但身为蒲公英的我也能活出自己的精彩"?我觉得,像后者这么想的人才是接纳自己的人。

在我看来,决定活出自己的精彩(既不做超出自己能力的事,也不低估自己的能力),无论是自己的优点,还是缺点,都坦然地接受,才是爱自己的表现。如果你这么做了,就没有必要去羡慕他人,或与别人攀比。而且,这样的你不仅会爱自己、爱别人，还能得到别人的爱。

培养生存能力强的女孩

我曾在我所投宿的某宾馆的阳台上看到三只小鸟练习从鸟巢飞出去的情景。这三只小鸟，其中两只一点点地往高处飞，只有一只怎么也飞不起来。如果飞不起来，小鸟就无法生存下去。鸟妈妈有点担心地站在离小鸟有点远的位置照看着它们，不是给它们运送食物，就是给它们做起飞示范。怎么也飞不起来的这只小鸟反复尝试了很多次，可每次都以失败告终。但当我在外出四小时后再回来时，却发现这只小鸟已能和其他小鸟一起飞上天空。换言之，这三只小鸟已能凭借自己的力量生存下去。

生活在大自然的生物都是在"如果没有生存能力，就会危及生命"这个严酷的条件下生长的。我们人类不也是如此吗？

人类的孩子在出生后有很长的一段时间需要父母的保护。在这期间，父母必须将自己的孩子培养成具有生存能力的人。

孩子出生后，无论哪个妈妈，都希望孩子能健康长大。这是育儿的出发点，是一种无论如何也要培养孩子的生存能力的真切想法。

孩子生来就具备生存能力，但他们并不知道如何培养这种能力。妈妈如果想让孩子具备强大的生存能力，必须给孩子提供帮助。

当孩子会到处爬后，妈妈应帮助孩子提高爬行质量。在妈妈的帮助下爬得很好的孩子也能走得很好。而走得很好的孩子在不久之后就能生龙活虎地跑来跑去。拍打、拉拽、捏……在手的使用上，也是妈妈提供的帮助越多、教得越多，孩子的用手能力越能得到提升。

通常，孩子的生存能力在妈妈的帮助下能不断得到提升。换言之，孩子生存能力的提升离不开妈妈的帮助。帮助女孩训练她的身体素质和提高学习能力是妈妈的职责。而且，正因为妈妈提供了帮助，孩子的生存能力才能逐渐变得强大。

教女孩人世间的一切事物和现象，告诉女孩生存规则，是父母的职责。如果父母不遗余力地传授各种知识，女孩借助父母的帮助就能将自己掌握的能力逐渐变成生存能力。

即使是为了让女孩将来成为人母后能完成"帮助她的孩子提高生存能力"这个重要使命，父母也有必要让自己的女儿具备生存能力。

培养内心温柔的女孩

如果妈妈想培育出孩子的温柔特质，请妈妈先把自己温柔的一面展示给孩子看。妈妈的言传身教，在潜移默化地影响着孩子。

那么，妈妈该怎么做示范呢？

关于"温柔"，社会上有各种各样的解释。当发现孩子忘带什么后，既有认为"主动将东西送到学校"是温柔的表现的人（他们觉得孩子如果因此被老师批评，就太可怜了），也有认为"即使发现孩子忘带东西也不送到学校"才是真正的温柔的人（他们觉得孩子在被老师批评后会反省，并从中学到东西，以后不再犯同样的错误）。

我觉得真正温柔的做法是，在思考过孩子将来的幸福和"当下"应做什么，应如何与孩子接触后，采取当时对孩子来说最好的做法。

想要采取对孩子来说最好的做法，妈妈必须拥有"无论如何也要将这个孩子好好养大"的决心，并提前制定好育儿方针。如果已制定好方针，妈妈便能对照方针表扬、批评孩子。比如，如果制定的方针是"要把孩子培养成能好好遵守社会礼法和规则的人"，当孩子严重违反这个方针时，妈妈就可以批评孩子。反之，如果孩子平时做什么都严格遵守这个方针，妈妈就可以表扬孩子。

我一直认为，客观地看孩子所做的事，并按照提前制定好的方针与孩子接触，才是温柔的表现。

育儿的成败常常决定于一瞬间。"此时此刻"正是我们为孩子的一些问题烦恼、思考解决方法，并采取行动的最佳时机。妈妈在"此时此刻"付出努力，女孩将来就能成为一个优秀的人。

时常和孩子亲密接触

我想，生有女儿的父母应该都希望将女儿培育成深受众人疼爱的孩子吧！深受周围人疼爱的孩子，能让人感觉到其全身上下都充满柔和的气息。

我一直认为，父母只有时常和孩子亲密接触，才能使孩子散发出柔和的气息。肌肤互相触碰可以很自然地将妈妈的幸福感和爱传递给孩子。从小能与妈妈充分地亲密接触的孩子，身心都能被幸福感包围，所以自然能充满柔和的气息。而且，他们往往能成为体贴他人、温柔待人的孩子。

和妈妈没有很多亲密接触的孩子以及内心一片荒芜的妈

妈的孩子，感受不到妈妈的温柔，因而也无法培育出一颗温柔的心。这样的孩子，其内心深处是不满足的，他们往往不能体会到幸福感。

如果你想把女儿培养成深受众人疼爱的人，让她拥有充满幸福和爱的人生，请给予她充足的亲密接触吧！妈妈如果时常亲切地抱紧孩子，就能把自己对孩子的爱很好地传递给孩子。妈妈要记住：你对待孩子的态度直接决定女孩能否成长为深受大家疼爱的女子。

妈妈是女儿的榜样

> 在不同的成长阶段,女孩可能会崇拜妈妈,会敬仰她,也会指责她,但对于大多数女孩而言,是妈妈让她们懂得成为一个女人的意义。

妈妈与女儿的理想关系

当问到相差一岁的真美、真由姐妹俩"最快乐的事是什么"时,两个人都大声回答道:"和妈妈一起弹钢琴的时候,我最快乐!"

这对姐妹的妈妈平时总是以笑脸示人,而且无论是说话,还是待人接物,都很有礼貌。而在日常生活中深受妈妈影响的这两个女孩,不仅说话很文雅,遇到人还能精神饱满地与人打招呼。

"想成为像妈妈那样的人""妈妈真棒""超级喜欢妈妈"……在对妈妈的崇拜中长大的女孩,自然会边看边学,为成为像妈妈那样的人而努力。

希望妈妈们除了从心底盼望孩子幸福外,平时还有意识

011

第一章 | 愿孩子拥有一个幸福的未来

地为孩子树立榜样。毕竟孩子都是在观察、模仿妈妈的一举一动中长大的。

妈妈是女儿的榜样

孩子都是在父母的潜移默化的影响下长大的,虽然孩子本人可能没有意识到这一点。正如"孩子是父母的一面镜子"这句话所说,孩子真的会越来越像父母。

当我看到两三岁的女孩用木制水果蔬菜玩具玩过家家游戏时,我有时不禁会赞叹一句:"这孩子很细心啊!平时妈妈怎么做,都记在了心里。"倾斜砧板,用菜刀把砧板上的蔬菜下到锅里的孩子;将萝卜、胡萝卜的根部切下并扔掉的孩子;摊开手掌,把豆腐放在手上切的孩子;将切好的水果漂亮地盛入盘子中的孩子……孩子会做这些事,并不是妈妈教的结果,而是她们平时经常看妈妈在厨房这么做,在耳濡目染之下自然学会的。

女孩在她们长大、成家之后,会采用和自己妈妈相同的方法为家人做菜、打扫房间、做其他家务活。因为她们就是在边看边学中长大的。边看着妈妈为家人愉快地做菜、打扫房间边长大的孩子,应该不仅会模仿妈妈的举动,还会深受妈妈当时情绪的影响吧!

父母很容易认为孩子只会学习口头教的东西，其实这只是孩子学习内容的一小部分。孩子每天从自己无意中看到的和经历的事中学习并掌握的东西非常之多。而孩子看得最多的、对其成长影响最大的就是自己的妈妈。无论妈妈是好妈妈还是坏妈妈，孩子都是看着妈妈的背影逐渐长大的。

我认识一个女孩，她小时候对她妈妈总是采取很强烈的反抗态度，经常对她的妈妈说"妈妈你真啰嗦""不要管我"。她长大成人后，我又见过她一次，让我吃惊的是，正在精心培育孩子的她，已变得和她妈妈一模一样。即使孩子在成长途中反抗过或轻视过她的妈妈，孩子也一定能看到并记住妈妈每天拼命为自己做的各种事。

对于女孩来说，妈妈就是自己的榜样。

一定程度的严格是需要的

每次遇到温文尔雅的女孩，我都会顿时觉得神清气爽，并对她萌生好感。而且，在这之后我会在心中想象该女孩的成长环境，比如"她是在什么样的家庭长大的呢""她的妈妈应该不仅很温柔，还把她教育得很好吧""她的举止自然而不失优雅，是因为她小时候得到过很好的培养吧"，等等。

反之，一遇到不注重礼仪的女孩，我就会摇头叹息。如果我遇到的是吃完后不说"谢谢款待"或将筷子放入饭碗中的女孩，我会产生"长得如此漂亮的人，为什么如此没有礼貌""难道父母在家没教过她就餐礼仪吗""这样的女孩即使很会学习，也是有问题的"等想法。

我在还是小学生的时候，父母就要我执行"绝对不可在楼梯、走廊上奔跑""垃圾看到就要捡起来""即使只是一支铅笔，也禁止借出或借入"等他们制定的规定。

现在想来，父母对我实施的是非常严格的教育。但是，即使被实施了严格的教育，当时的我也把这些规定当作理所当然的要求接受了。我之所以能心平气和地接受，是因为负责管教我的老师以及父母都把他们要求我具有的优雅举止当作理所当然的事去实践。正因为孩子看见大人都在严格执行这些规定，所以孩子也能自然而然地付诸实践。可以说，这个道理也同样适用于亲子关系。

孩子都是边看着父母怎么做边学习礼法和行为举止的。如果大人记住"与其严厉批评孩子不讲礼貌，不如先让自己具有优雅得体的言行举止"，孩子一定能看到大人的优雅姿态。

如果身为孩子的榜样的妈妈能做到举止优雅得体，即使在外人看来妈妈对孩子的管教十分严格，孩子本人也不会觉得严格。不仅如此，孩子还能自然而然地掌握优雅地说话、做事的诀窍。

经常有人问我"大人在教育孩子时,是严一点好,还是松一点好",我认为一定程度的严格是需要的。如果妈妈想让孩子具备某个优点,妈妈应先让自己具备这个优点。妈妈本人是否具备这个优点很关键。因为妈妈未具备的东西,通常孩子也不会具备。

无论生的是男孩还是女孩,父母都需要好好教育,但女孩尤其需要父母细心培养。因为女孩如果具有良好的言行举止、餐桌礼仪和一颗感恩的心,并善于体贴人、说话文雅,就能赢得周围人的好感——反之,则会被评价为"粗野"。

可以说,女孩的教育问题,不仅是一个事关孩子未来的问题,还是一个最终会影响母女关系的问题。

把愉快的生活态度传递给孩子

> 妈妈需要帮助女儿，平衡各方面对她的要求，让她健康快乐成长。帮助并支持她找到自己的天赋、兴趣和能力，并把愉快的生活态度传递给她。

让孩子拥有丰富的"体验"

人们都说，会学习的孩子、学习能力强的孩子，在上小学前就已拥有各种各样的"体验"。

但是，光给孩子创造很多体验机会，孩子的学习能力是得不到提升的。如果想提升孩子的学习能力，妈妈必须就具体的体验内容和孩子聊聊。

我们在培育牵牛花的时候，如果将种子种入花盆后，牵牛花长得很好，就会准备一根用来缠绕牵牛花蔓的棍子，并每天都给牵牛花浇水。培养孩子也是如此。如果我们为孩子创造一个良好的成长环境，并给孩子提供帮助，教孩子不知道的知识，孩子就会茁壮成长，让自身的能力得到充分发挥。

让孩子拥有丰富的体验，并用语言告诉孩子她所不知道的事情。说话是每个人所应具备的一大重要能力。一个人使用语言的能力是其生长的语言环境,以及被教了多少话语所决定的。

请不断用语言告诉孩子她正在体验的事物,比如"漂浮在空中的是'云彩'哦""和你一起动来动去的是'影子'哦"。对孩子而言,或许"云彩""影子"都是以前不知道的词。大人知道很多事物、很多词语,而这些事物、这些词语对于孩子而言,很可能是第一次听到、第一次见到的。

不仅语言,世上的其他事物,对孩子而言也都是初次体验。如果妈妈用语言告诉孩子,孩子就能马上吸收。

"高兴""悲伤""欢喜""生气"等情感以及"疼""痒""情绪不佳"等感觉,孩子即使感受到了,也无法用语言表达出来,或告诉别人。如果孩子看起来很伤心,请用"很伤心"等具体的词语描述出孩子的情绪。

妈妈从小让孩子拥有很多体验,并每次都用语言告诉孩子,这样不仅能提升孩子的学习能力,还能让孩子的好奇心以及能唤起孩子对各种事物的兴趣的感性思维得到培养。而对各种事物感兴趣的孩子,不仅能感受到学习的乐趣,还能不断提升自己的生存能力。

把学习的快乐传递给孩子

人们都说,孩子一旦将玩电子游戏作为主要玩耍方式,就会逐渐远离大自然。现在,出生后就被养在房间里,从未被父母带出去见过一次朝阳或夕阳的孩子并不少见。

在前面,我建议父母让孩子拥有很多体验,其实有意去营造的体验并不需要有多特别,平时目力所及的一切事物都可以作为孩子的学习对象。

据小雪的妈妈说,有一次,上小学三年级的小雪和家人出门旅游,当小雪的妈妈看到卷丹花后,就告诉小雪:

"小雪,快看这朵卷丹花!卷丹花不是用种子繁殖,而是用形成于叶的根部的茶色珠芽繁殖的哦!"

听完这番描述后,小雪很开心,从那之后她对什么样的花都很感兴趣。

请妈妈们像小雪的妈妈一样把自己所知道的大自然知识告诉孩子。能让孩子愉快地学到知识的东西,大自然中有的是。

上小学一年级的友子的爸爸曾和友子一起坐电车去雪国旅行。据说在旅途中,爸爸看着窗外的景色问友子:

"友子，你看，屋顶的形状发生变化了！你知道为什么吗？"

友子试着想了想，但没有想出来。爸爸见她想不出为什么，就告诉她：

"这个地方每年都下很多雪，为了不让房子被积压在屋顶的雪压垮，他们就把屋顶做成坡度较陡的样子。"

从那以后，友子一坐上电车等交通工具，就会饶有兴趣地看窗外的风景。

虽然父母告诉孩子的都是很简单的知识，但无论是小雪还是友子，都因此获得了丰富的体验。而且，其父母在无意之中就把"学习是件快乐的事"这个信息传递给了她们。后来，这两个女孩就自然而然地成长为了以学习为乐的孩子。大人将自己所知道的东西告诉孩子是个多么重要的举动，最后取得的效果有多么大，我们看这两个例子就能明白。

妈妈们，请让你的孩子拥有丰富的体验，并用语言告诉孩子与体验有关的知识吧。女孩尤其需要妈妈这么做。因为将来当她成为妈妈时，她肩负着让她的下一代拥有丰富的体验和向下一代传授知识的重任。

即使你是为了把孩子培养成能让你的孙子拥有丰富的体验、能向你的孙子传授知识的妈妈，也请你教孩子各种各样的知识。是不是光想想"将来的某一天,你的孩子会把你现在对她说的话说给她的孩子听",你就觉得很兴奋呢?

培养孩子的"会话能力"

有时我和人聊天,会觉得十分惬意、开心。

但我们周围不仅存在擅长说话、拥有丰富的话题,却只知道一刻不停地说自己想说的话的女性,也有无论什么话题都能灵活应对,却总因不会察言观色而擅自向前推进谈话的女性。

此外,还有只说朋友、老公的坏话且每次都聊得热火朝天的女性团体。这类女性团体乍一看谈话气氛很热烈,其实她们谈的尽是一些令人讨厌、带吹牛成分的话题,外人听完后往往会觉得十分不快。

我觉得,真正能乐呵呵地提升气氛的人不一定是擅长说话的人,但一定是能笑着听周围人说话的人,从不打断别人且以倾听为乐的人,能谦虚地听人说话的人,不会一个劲儿地说自己的事且懂得察言观色,会在恰当的时候活跃气氛的人。

我有好几个这样的女性朋友。聪子便是其中之一。聪子家经常聚有各种各样的人,奇怪的是,在聪子家,无论是聪子的普通朋友、知心好友，还是第一次见面的人、名人、彼此水火不相容的两个人，都能心平气和地聊天。每个人都觉得和她待在一起是件愉快的事。

　　为什么聪子的周围总聚有各种各样的人，且无论对象是什么样的人，聪子都能愉快地和他（她）聊天呢？最可能的原因是：聪子拥有一颗能接纳任何人的宽阔之心。她并不是特意摆出一副接纳任何人的姿势，而是发自内心地接受别人，与人愉快地聊天。她也有自己的想法，但她从不会强迫别人接受。她尊重在场的每一个人。如果有人独自呆着，未加入谈话，她会若无其事地和他（她）说话，让他（她）融入到周围的气氛中。她从不说别人的坏话，会把别人给予的一点温柔当作很大的善意接受。她从不摆什么架子，而且不管怎么样，始终拥有一颗温柔的心。

　　老实温顺的人、开朗爱笑的人、拥有强烈的服务精神的人……世上的人形形色色，每个人都有自己的个性，有自己的优秀之处。正因为每个人都有自己的优秀之处，所以如果不为了表现自己而强行做超出自己力量的事，不摆架子，做真实的自己，能笑着倾听，周围人就会觉得心情愉悦。而周围人一旦变得开心，气氛自然就能调动起来。这个道理也适用于孩子和妈妈的关系。如果妈妈不摆架子，不说令人讨厌的话，孩子自然会效仿妈妈，逐渐成长为能缓和周围气氛的人。

如果妈妈在此基础上还努力让自己做到"多读书、时常钻研自己的爱好、总是把家收拾得很干净、待人热情、常常把自己打扮得很美"这几点，孩子自然会学习妈妈的生活姿态，拥有和妈妈一样的生活氛围。

培养孩子的"生活力"

我们人生的大半时间都是在家中度过的。如此重要的住所，照理说应该是一个住着很舒服的地方吧！

家是一个舒适而温暖的安乐窝，在竞争激烈的职场拼搏的爸爸以及刻苦求学的孩子们，在完成各项工作任务或学习任务后，拖着疲惫的身体归来，如果他们听到女主人的一句"欢迎回来"或"辛苦了"后，就会身心放松，收起羽翼慢慢休息，并在精力充沛后再次外出迎接生活的挑战。而且，他们应该还能从家中获取生活的勇气吧！可以说，妈妈是家庭生活的核心人物。

是把家打造成一个家人渴望归来的温暖港湾，还是让家变成一个没有丝毫温暖可言、充满杀伐气息的冰窖，由妈妈来决定。如果家住起来不舒服，即使房子很大，车很高档，名声很响，地位很高，生活过得很奢侈，在孩子眼里，它也不过是一个缺乏温暖的地方。总体说来，把家打造成什么样子，在什么样的环境中培养自己的女儿，都由妈妈决定。但能让人安心休息的温暖港湾的打造，往往也需要家人的齐心协力。

不过，并不是说只要心里想把家打造成一个充满温暖的地方，就能心想事成的。如果妈妈很懒散，什么也不做，或打扫房间、做菜等家务活都不会做，家终将成为一个冷清的住所。

妈妈如果想把家打造成一个充满温暖的地方，在拥有想让家变得更好的愿望的同时，还必须具备能把家变成快乐舒适的港湾的相关技术。把家收拾得既干净又整齐的整理术和扫除术、让家人以在家吃饭为乐的做菜技术、家人的健康管理术、家庭收入的管理术……妈妈只有具备这些基础能力，家才能变成一个充满欢乐的地方。

很多男性在找结婚对象时，都希望找一个擅长做菜的女孩。不仅擅长做菜，还具备让生活变得更丰富多彩的生活力的女孩，往往能获得很高的评价。而且，自然会有很多人聚在她的周围。

请妈妈们把这些技术传授给自己的女儿吧！在传授时，

别忘了要温柔一点。此外，也请妈妈们把"为家人或他人做事能换来愉快的心情"的生活态度传递给孩子。具备生活力的妈妈所养育的孩子，自然也能拥有生活力。

本章小结

◆想把女孩培养成人见人爱的孩子，首先要爱孩子，并让孩子内心充满爱和幸福感。

◆客观地看孩子所做的事，并按照提前制定好的方针与孩子接触，才是温柔的表现。

◆妈妈如果时常亲切地抱紧孩子，就能把自己对孩子的爱很好地传递给孩子。妈妈要记住：你对待孩子的态度直接决定女孩能否成长为深受大家疼爱的女子。

◆边看着妈妈为家人愉快地做菜、打扫房间边长大的孩子，应该不仅会模仿妈妈的举动，还会深受妈妈当时情绪的影响吧！

◆如果大人记住"与其严厉批评孩子不讲礼貌，不如先让自己具有优雅得体的言行举止"，孩子一定能看到大人的优雅姿态。

◆妈妈从小让孩子拥有很多体验，并每次都用语言告诉孩子，这样不仅能提升孩子的学习能力，还能让孩子的好奇心以及能唤起孩子对各种事物的兴趣的感性思维得到培养。

◆如果妈妈不摆架子，不说令人讨厌的话，孩子自然会效仿妈妈，逐渐成长为能缓和周围气氛的人。

◆如果妈妈做到"多读书、时常钻研自己的爱好、总是把家收拾得很干净、待人热情、常常把自己打扮得很美"这几点，孩子自然会学习妈妈的生活姿态，拥有和妈妈一样的生活氛围。

第二章
养育女孩从生活细节开始

女孩肩负着"繁衍后代,让生命延续下去"的重大使命。为了能更好地完成这一重大使命,我们希望女孩平时"多用心",掌握一定的"待人接物方法",并拥有"丰富的内心世界"。

养育孩子不是方法论,而是生活本身,父母与孩子相处的每分钟,都是对孩子的教育。

养育女孩从生活细节开始

> 在养育女孩的过程中,父母一定要给女孩更多的爱,让她时刻感觉到爱就在身边,并能从生活细节入手,这样,她才能成长为一个优雅、可爱的女性。

让孩子拥有体贴之心

有一天,我坐上了一辆满车都是去郊游的小学生的电车。很多学生都坐在了座位上。电车里除了学生外,还有数位领队老师。某一站上来了一位弯腰驼背、满头白发的老婆婆。她看坐车的都是小学生,就断了找座位的念头,直接站在了车门边上。这位老婆婆所站位置的附近座位上坐着一个小学生。附近也有老师,但或许是因为都没注意到这位老婆婆的存在吧,到下一站停车时,依然没有人给老婆婆让座。而这一站则上来了更多的人,被人群挤来挤去的学生们开始吵嚷起来,老师见此状,就边把食指放在嘴唇上,边说"请安静"。学生们一听到老师的指令,就马上安静了下来。他们的这一举动让我觉得"这是一个教育工作做得很不错的学校",但

"老师和学生都没注意到一直站在门边的老婆婆"这一点还是让我很在意。再停车时，又上来了好几位年事已高的老人。因为孩子们都坐在座位上，所以他们一直站到了终点。

学生们乘电车原本是老师教学生乘车礼仪的绝好机会，可老师能教导学生"在电车上不可喧哗、必须保持安静"，却没有告诉学生"体贴地给年事已高的老人让座，也是很重要的乘车礼仪"。我觉得他们白白浪费了一个难得的教育机会。

目睹整个过程的我经过再三思考后，给该学校的校长寄去了一封信。我寄信是有原因的。

其原因是，我想起了我的一位女性好友曾对我说过的一段话：

"我在小学老师教导我'在电车上必须给人让座'之前，并不知道这个乘车礼仪。父母没教我这个礼仪，如果小学老师也没教，我想我应该一点也意识不到让座的必要性吧！遗憾的是，现在不告诉孩子这一点的父母并不少啊！"

对于知道"在电车上应给老人让座"这个礼仪的人而言，让座是一件自然而然的事。但是，我们周围既有懂这个礼仪的人，也有因未曾有人告诉他（她）这个礼仪而不知道它的存在的人。

看报纸上的读者来信栏，我经常能看到以下这种言论：

"当自己坐在电车上,而老人站在眼前时,明明可以让座的年轻人为什么不站起来呢?年轻人应给老人让座,不是众所周知的礼仪吗?"

关键是,这真是众所周知的礼仪吗?我们通常认为,孩子或年轻人应该都知道"给老人让座"这个乘车礼仪。但实际上很多人并不知道这个礼仪,很多孩子的父母从未教过他们这个礼仪。因为我想到了这一点,所以我才决定给校长写信。

寄出信几天后,我收到了一封来自这位校长的信。信很沉,看到里面装了那么多信纸,我着实一惊——里面装着那天乘车去郊游的全体二年级学生的信。

"我不知道让座礼仪,谢谢您告诉我。"

"我没注意到老婆婆,以后我一定让座。"

很多孩子都这样写道。他们用文字告诉了我"他们真是这么想的"。

在这些给我写信的孩子中,应该也有淘气鬼或淘气大王吧!但无论淘气与否,他们都是充满童真的孩子。

如果大人好好教过,即使是像"体贴"这种精神层面的东西,孩子们也能从心里理解。

孩子们拥有非常敏锐的感受能力。妈妈们,请花足够多的时间教孩子，让孩子拥有一颗体贴之心吧！此外，也请好好告诉孩子什么必须做、什么不能做以及各种事情的做法吧！

拥有一颗体贴之心的孩子都很温柔。我想体贴温柔的孩子应该是深受众人喜欢的孩子吧！

学会好好打招呼

急匆匆跑进来的三岁女孩小惠气喘吁吁地对我说：

"老师，您好！"

"老师，这个给您！"

话还没说完，小惠就把一片红色的叶子和一片黄色的叶子放到了我的手上。

一到秋天，附近公园里纷纷掉落的红叶、黄叶就会把地面铺得如地毯般厚实。小惠是想把如此漂亮的落叶当作礼物送给我，所以才急匆匆地跑进教室的吧！不仅听到了一声充满活力的"您好"，还收到了一份精美礼物的我，非常开心。

每天一边开门一边和我打招呼的孩子的姿态，可谓一人一个样：既有边大声说"您好"边跑进来的孩子、躲在妈妈的身后边窥视边害羞地打招呼的孩子、在妈妈的多次催促下才打招呼的孩子，也有还不会说话，在妈妈的帮助下微微点

头的小宝宝。那真是一幅令人十分欣慰的景象。每次听到孩子们那充满活力的声音，我就很开心。

现在，不会好好打招呼的孩子和大人都在不断增多。其实，打招呼是最基本的教养，孩子都是向大人们学习如何打招呼的。

在我经营的机构，我请妈妈们从宝宝零岁开始做打招呼的练习。零岁孩子不会说话，也不知道打招呼的意义，但这并不意味着大人也可以不教。我一直希望零岁孩子的妈妈们经常对孩子说"早上好""晚安"。

打招呼并不是妈妈光在嘴上教教，孩子就能学会的。妈妈只有从婴儿时期开始给孩子做示范，并每日实践，孩子才逐渐会打招呼。在孩子真正学会之前，妈妈需要示范数万次。

为什么对孩子而言，打招呼如此重要呢？人本能地想和别人接触，人与人的沟通是一种扎根于本能的重要行为，而沟通的第一步是从打招呼开始的。如果你因想学习外语而打开书，无论哪本书，都是从"你好"开始教起的吧！这可能是因为全世界的人都把打招呼作为建立人际关系的第一步吧！擅长打招呼的孩子会通过和人打招呼扩展自己的人际关系圈，并逐渐发挥出自己的卓越能力。可以说，会打招呼的重要程度远远超过我们的想象。因此，将孩子培养成会打招呼的人，是件重要的事。

妈妈在给孩子做打招呼的示范时，是否能做到"不按照自己的标准有选择地和人打招呼"很重要。如果妈妈按照自己的喜好区别对待不同的人，比如和喜欢的人打招呼，不理睬讨厌的人；对方不和自己打招呼，我也不主动打招呼；先权衡利益得失再决定是否打招呼等，那么孩子也会像妈妈一样偏重对待某些人。

社会由各色各样的人组成。妈妈是否能给孩子展示"无论对象是谁，都一视同仁地打招呼"的姿态，很是重要。

准确地使用敬语很重要

"老师，这是炸虾，请您品尝！"

两岁的和子将图案是虾的拼图拼好后，边递给老师边如此说道。和子的妈妈是一个总是用漂亮的敬语和上司、长辈说话的人。和子才两岁就能很自然地使用敬语，应该是她妈妈的功劳吧！

近年来，经常有人批评社会上屡屡出现的乱说话现象。敬语的使用也是大家批评的对象之一。好像现在不会使用正确敬语的人还有不断增多的趋势。以前无论谁都会用的敬语，为什么逐渐不被人使用了呢？

在我看来，很多人将"人人平等"错误地理解为"因为大家都是平等的，所以称呼'长辈'或'上司'的人，反而是很奇怪的"。出现这种情况的原因之一，或许是这些人不清楚自己所处的立场吧！

所谓敬语，即对当下自己所处的立场有清楚的把握，并思考过与对方的关系后所使用的语言。即便是已在某行业取得卓越成绩、被人尊称为"老师"的人，也会对小时候教过自己的学校老师使用敬语。凡是会好好使用敬语的人（即便他是深受众人敬仰、处于最高地位的人），无论他面对的是谁，他都会使用敬语和漂亮的词汇。

毫无疑问，要想准确地使用敬语，我们就必须了解敬语词汇及其使用方法。但与此同时，我们也必须知道自己所处的立场。

有些学校将"老师和学生像朋友一样交往"视为好事，在这些学校的影响下，不清楚师生界限的孩子正在不断增多。如今，不使用敬语好像已成为一种潮流，有的家长对老师不说敬语，采取的是朋友般的说话方式。或许这是因为他们觉得不用敬语显得关系更近吧，但客观事实却是，听者听起来并不怎么舒服。

此外，我们周围还不乏背地里贬斥长辈、上司，在家里说老师的坏话、缺点，或若无其事地说爷爷、奶奶、爸爸的坏话的人。或许"懂得尊敬他人的人越来越少"也已成为一种趋势吧！在这种大环境下，不清楚上司、长辈与自己所处立场的分界线的人，自然会变得越来越多。

很多人不再使用敬语，就是因为上述所说的原因已导致人们使用敬语的机会越来越少。要想准确地使用敬语，我们当然有必要练习说敬语，但我们在练习前，必须先判明对方和自己的立场。而且，如果我们不曾在实际生活中经历各种各样的场面，我们通常是掌握不了敬语的使用方法的。

如果你想让孩子掌握敬语的使用方法，就应像上文提到的和子妈妈一样经常在孩子面前说敬语，把以恭敬的态度对长辈说敬语的姿态展示给孩子看。

会漂亮地使用敬语的女孩，往往能给人文雅大方、赏心悦目的感觉。我想，会使用敬语的女孩应该也能成长为深受大家尊敬和喜爱的人吧！

当小帮手，让孩子逐渐掌握各种技能

孩子都很喜欢给大人当小帮手。即使是一两岁的孩子，当她看到妈妈在做菜时，也会缠着妈妈，想帮妈妈做点什么。

喜欢当小帮手的孩子，能通过帮大人做事学到各种各样的东西，让自己不断掌握各种生存技能，并在这个过程中逐渐成为一个强大的人。

实际上，让孩子帮忙是件麻烦事。给花浇水，会弄湿衣服；帮忙端菜，会把盘子打翻……很多时候，有孩子帮忙，妈妈反而更费事。所以，很多妈妈会这么想：本来就够忙的了，如果还要急着做完什么，还不如自己动手来得快。

过去，孩子作为家庭的一员帮大人做家务、看小孩儿是理所当然的事。以前的孩子不光在山野玩耍，还在家帮大人做事。在这个过程中，孩子自然就用身体记住了当小帮手的辛苦、作为家庭一员的责任以及相关技能、操作顺序、生活智慧等。但随着机械化程度的提高、家务外包潮的出现，现在的父母只有有意识地给孩子创造帮自己做事的机会，才能让孩子学到这些东西。

如果孩子说"我想帮忙"，就意味着考验妈妈是否具有耐心和强大忍耐力的时候已到来。当孩子对什么产生兴趣时，请妈妈将它视为一个绝佳机会，并利用这个机会主动让孩子帮自己做事。因为毕竟孩子在当小帮手的过程中能学到非常多的生存必备技能。

做菜也是一件放手让孩子去做的事

在我的机构，我经常对妈妈们说"无论什么事，都要放手让孩子们做"。在我看来，做菜就是其中一件应放手让孩子们去做的事。

孩子一岁半左右就会使用菜刀。一岁的孩子应该对菜刀之类的东西还没有具体的概念吧！但是，如果你好好告诉她菜刀的使用方法，比如"将按压待切物的手做成猫手状"，一岁的孩子也能做到在切菜时不伤到自己。孩子专用的菜刀，市面上有很多，而且也不乏刀口比较钝的菜刀。不过钝刀会逼着孩子使出很大的力气，反而可能导致孩子受伤，所以妈妈在为孩子挑选菜刀时，一定要慎重。

在孩子用菜刀切东西之前，父母应给孩子做示范，切给孩子看看，告诉孩子"菜刀很锋利""菜刀不是玩具"。而且，应让孩子在父母的监督下使用菜刀。

第一次用菜刀切东西，最好选择切着很有感觉的香蕉。如果是两岁以上的孩子，也把扒皮方法教给她吧！在教孩子正确的持刀方法后，就可以让孩子做切圆片的练习了。将香蕉切成圆片后，请让孩子将它们放入漂亮的容器中，并浇上酸奶，装点上其他水果，将它们做成一道漂亮美味的甜点吧！

如果妈妈边说"这是我家孩子制作的甜点哦"边请家人或客人品尝，孩子就会为自己能独自做成一盘甜点而开心。就像这样，一盘甜点就能让孩子形成自己的审美风格，体会到下厨房的乐趣。小时候有这种经历的女孩将来很可能成为一个厨艺不错的妈妈。

孩子都很喜欢做饼干，像玩黏土一样揉面、脱模、涂抹鸡蛋液、撒浇头……每个步骤孩子都非常喜欢。在动手操作的过程中，孩子们自然而然能记住制作顺序，培养起对时间感知的能力。对孩子来说，将自己制作的饼干作为礼物送给好朋友、爸爸是件很开心的事情。无论是过圣诞节的时候制作雪人、星星、圣诞树等形状的饼干，还是过生日的时候叫好朋友上自己家一起制作饼干，这些都是他们乐于去做的事。

我听小遥的妈妈说，她家在小遥过生日的时候请了很多朋友参加她家的饼干制作派对。该派对深受众人好评，在那之后经常有人请小遥帮忙举办饼干制作派对。

小遥的妈妈总是很开心地对人说："小遥经常和好朋友一起愉快地制作饼干。"

学做家务也是件很重要的事，但只有小时候拥有"给父母当小帮手""做菜"等丰富经历的女孩，才能成长为具有生活力的人。

立下约定，妈妈也要好好遵守

即将三岁的优子是一个充满活力的女孩。

"这真是最后一次了啊，说好了哦！"

妈妈边说边把两块饼干递给优子，可优子吃完后还是死乞白赖地喊"我要吃饼干，我要吃饼干"。

"从刚才到现在，咱们已经做过多少次约定了？这次真的是最后一次了啊！"

虽然很生气，但经不住优子的软磨硬泡的妈妈，再次把饼干递给了她。

优子的妈妈对优子的评价是："我家孩子，无论什么约定，都不会遵守。"

不遵守约定的难道不是妈妈本人吗？不仅说"这真是最后一次了啊，说好了哦！"的是妈妈，经不住孩子的软磨硬泡并最终给孩子饼干的也是妈妈。站在优子的角度来看，是妈妈自己破坏了自己立下的约定。

而妈妈却认为，约定的约束对象是优子，不是自己。所以，她一直认为，立下约定后还不断地喊"我要吃饼干"是优子不遵守约定的表现。

听完优子妈妈的话，我想：在和孩子立约定这件事上，大人们是不是一直有误解呢？

很多大人都深信：当孩子不遵守约定的时候，他们是知道约定为何物的。但其实较小的孩子对"约定是什么"还没有形成正确的认识，或许也没有人告诉过他们"约定是什么"。而且，当大人和孩子立约定的时候，不遵守约定、破坏约定的大多是大人。

在优子这个例子中，虽然妈妈说"说好了哦"，但妈妈在还想吃饼干的优子的软磨硬泡下，还是把饼干递给了优子，所以不遵守约定的是妈妈。但妈妈却很随便地把"不遵守约定"的标签贴在了优子身上。如果这种事反复发生，亲子关系就会变得不好。

父母在教育孩子时，应遵循"在让孩子做什么前，先当着孩子的面实践数百次、数千次"这个原则。在"遵守约定"这件事上，父母也应这么做。在让孩子遵守约定之前，妈妈应先做多次"遵守约定"的示范，让孩子看看自己是怎么遵守约定的。

"如果你做到这件事，明天妈妈带你去公园玩儿。说好了哦！"如果你和孩子立下了这个约定，即使第二天孩子忘了这个约定，你也要带孩子去公园玩儿。

如果你对孩子说的是"这个甜点明天我一定给你吃,今天你先忍忍",第二天就必须给孩子吃这个甜点。

所以,"昨天和你说好的,今天我们去公园玩儿吧""昨天和你说好的,今天我给你吃甜点哦",按照约定行事才是妈妈的正确做法。而且,妈妈应像这样反复把"立下约定后好好遵守约定"的姿态展示给孩子看。

在和孩子立约定的时候,妈妈很容易犯这个错误:当场未仔细思考就立下某个约定,之后要么不怎么把这个约定放在心上,要么就是完全忘了这个约定的存在。如果妈妈反复这么做,孩子就会越来越不听妈妈的话。

由美的妈妈也曾犯过类似的错误。有一次,在奶奶家留宿的由美对奶奶说"我想吃这个甜点",而奶奶则和由美约定说:"快吃晚饭了,忍一忍吧!明天我一定给你吃啊。"第二天,奶奶想按照约定把甜点递给由美,可妈妈却说"孩子已经忘了这个约定,别给了",不打算把点心给由美。

奶奶说她觉得很遗憾,因为她认为"由美为遵守约定一直忍着,就应该把甜点给由美。这明明是一个让孩子学习'为遵守约定而忍耐,第二天就能吃到甜点'的好机会"。妈妈确实失去了一个做遵守约定的示范的机会。如此一来,由美或许不仅无法理解这种做法,还会因奶奶和妈妈不遵守约定

而对她们产生不信任感。可以说,由美妈妈的这一举动起的是"大人破坏约定"的不良示范作用。

有时候,即使妈妈和孩子约定说"点心不能再吃了",孩子还是会想吃吧!如果孩子还想吃,这时妈妈不应训斥孩子,应该温柔而坚定地说"点心时间已经结束"。如果妈妈相信自己的孩子一定能遵守约定,自己也真的决定遵守约定,孩子就能感受到妈妈的想法。保持不生气、态度坚决的姿态需要一定的忍耐力,而是否做到这一点,至关重要。妈妈应绝对禁止和孩子立下约定而又没有遵守的做法。

如果妈妈肯定能遵守约定,不仅孩子能成为遵守约定的人,亲子关系也能变得和谐融洽。

培养女孩的文明礼仪

> 女孩是未来的妈妈,她的言谈举止都将会影响到自己的孩子,如果自己缺乏礼仪、修养的培养,她的孩子也不会有令人喜欢的行为和谈吐。

将女孩培养成善于倾听的人

"幼儿园老师对我说'您家孩子完全不听老师说话',我该怎么办呢?"

"我家孩子不会听别人说话,不知道能不能跟上学校的课。"

经常有妈妈就以上问题向我咨询求助。

大人都认为"听人说话"是孩子自然而然就会的。我觉得在电视、电子邮件普及之前,倾听能力确实是人自然而然就具备的。但自从电视、电子邮件普及之后,面对面听人说话的机会和练习倾听的机会都变少了。

如今,无法"听人说话"的孩子正在急剧增加,他们主要有"不会听老师说话""无法全神贯注地听老师讲课""老师的话只是从耳朵过了一遍,根本无法理解"等表现。而且,大人也有相同的现象。但是,大部分人都认为:"自己每天都在听平时经常使用的词语或对自己而言非听不可的话,哪里需要做什么倾听训练或练习!"

如果像以前的人一样,一大家子人住在一起,且和邻居频繁往来,平时有很多聊天机会,那么时间长了,人们自然而然就能掌握"听人说话"的能力。而且,因为不知不觉间就学会了听人说话,所以过去的人都不会觉得他们有必要做倾听训练。

虽然声音是自然传到我们耳朵中的,但孩子需要经过复杂的训练,才能从中选出对自己有用的声音并将它们听明白。以前既没有电视,也没有视频,人们有很多与人交谈的机会,因而倾听训练不需要刻意找机会去做。在稍早之前,一说起"不具备倾听能力",所列举出来的理由大多是"知道的词语少,所以不知道、无法理解很多词的意思"。但现在不仅有存在这种情况的孩子,还有连母语的发音都听不明白的孩子。

那么,如何做才能把孩子培养成能听懂别人的话语的人呢?

培养"倾听能力"的第一步通常始于出生的那个瞬间。

具体说来，就是从被妈妈抱在怀里边吃奶边听妈妈用语言哄逗的那个时候开始的。然而，在这个手机和电视都十分普及的时代，随着妈妈边看电视（或边发手机短信）边喂奶的次数越来越多，妈妈跟小宝宝说话的机会已变得越来越少，很多妈妈已错过很多孩子人生最初的倾听训练机会。可以说，便利性和舒适性的副作用正在这种地方不断上演着。

或许在妈妈看来，一天大部分时间都在睡觉的小宝宝什么也不懂，但其实小宝宝有强烈的好奇心，正以能力全开的状态吸收世上的一切东西。如果这个时候不给予适当的刺激，小宝宝无比珍贵的好奇心和能力就会变得越来越弱。

因为在家庭小型化、少子化、电视和手机的普及的影响下，听别人说话的机会正在不断减少，所以如今已是一个爸爸和妈妈必须创造和孩子说话的机会的时代。孩子听人说话也是记忆词汇的开始。换言之，孩子用耳朵听便能记住词汇。听我这么说，大家应该能明白"倾听"在人与人的沟通中到底有多么重要了吧！大家应记住，孩子对语言的兴趣始于倾听。

使孩子具备"倾听能力"的最佳方法是亲子谈话。除了实践这个方法外，请积极创造孩子和外人说话的机会吧！当带孩子去商店或超市时，让孩子和其他小宝宝或大孩子打招

呼，大部分大人都会给予回应，而孩子则未必。妈妈要记住，电视和视频无论看了多少，都不能锻炼孩子的倾听能力——因为孩子把所有注意力都放在了不断变化的画面上，无法留心去听具体的说话内容。

让孩子听优美的音乐或用稍稍大一点的声音播放收音机节目，或许也是个不错的方法。我们周围也有爱听收音机上的单口相声的孩子，这类孩子通常无论大人说什么，都能听明白。对于要为未来打下坚实的学习能力基础的孩子而言，"倾听能力"的培养或许真的是最重要的事。

请妈妈给孩子创造一个每天都和孩子有说不完的开心话的家庭氛围吧！毕竟亲子之间的谈话数量和孩子的"倾听能力"是成正比的。

接下来让我为大家介绍两个有助于提升倾听能力的游戏吧！

其一，有助于提升倾听能力的"购物游戏"

"购物游戏"是一个为让孩子做倾听练习而设计的游戏。请准备一个孩子专用的购物篮。

将从超市买回来的各种东西摆在桌子上后，妈妈可以对孩子说"我们来玩购物游戏吧！宝宝，请把胡萝卜和芹菜买回来"或"请把苹果和香蕉拿过来"，让孩子把东西拿到厨房。

待孩子玩得熟练后,妈妈可以像"请给我三个洋葱""请给我两个西红柿和三棵芹菜""请把萝卜、胡萝卜和土豆买回来"这样增加东西的个数和种类,来提升游戏的难度和乐趣。

我们可以用各种各样的东西玩购物游戏,比如也可以将

孩子非常喜欢的卡片或玩具作为道具。

购物游戏需要孩子"先听、后记、最后行动",因而它是一个既能提升孩子的倾听能力、训练孩子的记忆力,又能让孩子记住词汇的集很多优点于一身的好游戏。

其二,有助于提升倾听能力的"鹦鹉学舌游戏"

"鹦鹉学舌游戏"是一个可以用来训练孩子的听力和记忆力,且无论在哪儿都可以玩的游戏。它的玩法很简单,但效果非同寻常。其规则只有一条:让孩子学妈妈说话,妈妈说什么,孩子就说什么。

如果妈妈说的是"1、2",就让孩子也说"1、2"。待孩子会学着说两个数字后,请妈妈将数字增至3个或4个吧!如果孩子已会学着说4个数字,妈妈可以让孩子倒着说。比如,如果妈妈说的是"1、2",就让孩子说"2、1"。请从两个数字开始玩起,然后慢慢将数字增至3个、4个吧!因为孩子要先把妈妈所说的数字记住,才能倒着说出来,所以这种玩法不仅需要孩子动脑筋,还需要孩子集中注意力。

玩过数字后,请试着把数字换成动物、交通工具、物品的名称。比如,可以按照"狮子、长颈鹿""狮子、长颈鹿、大象""狮子、长颈鹿、大象、熊"这样的顺序将词语从两个增至3个、4个。

待孩子会学着说词语后，请将词语换成简单的句子。比如，如果妈妈说的是"孩子正在走路"，就让孩子复述这个句子。有时，即使句子很短，玩得不熟练的孩子或无法集中注意力的孩子也会因听不明白而说成"孩子在""孩子走"等。这种时候，请不断地练习，直至孩子能一字不差地将句子复述出来。

接下来妈妈可以逐渐增加句子的长度。比如"男孩正在走路""戴着帽子的男孩正在走路""戴着黄色帽子的男孩正在走路"等。

虽然"鹦鹉学舌游戏"是个简单的游戏，但它能让孩子练习提高倾听能力、记忆力和注意力。

提高女孩的语言表达能力

当孩子和身为妈妈的你说话时，你认真听了吗？还不擅长表达的孩子通常无法很好地说出自己想说的话。

有时候，他们开头说了句"妈妈，妈妈，今天我呀……"，接下来不是东扯西扯，不知道自己想说什么，就是把"妈妈，妈妈，这是什么""为什么会变这样"等问题一连串抛向妈妈。当出现这种情况时，对于妈妈而言，逐一回答孩子的话，确实不是件容易的事。这时身为妈妈的你是否有过以下这些行为：中途打断孩子的话，对孩子说"我知道了，知道了，过一会儿再说吧""妈妈现在很忙啊"；以责备的口吻对孩子说"你到底想说什么呢"；把孩子想说的说出来，对孩子说"你就是想说这个吧"。

孩子拼命找妈妈说话（哪怕说得有些结巴），通常是因为他们想把自己遇到的吃惊的事、开心的事等各种各样的事说给自己最喜欢的妈妈听，但他们还小，很多时候还不能很好地说出自己想说的话。如果孩子很想让妈妈听自己说话，而妈妈却总是不搭理孩子，孩子就会断了找妈妈说话的念头，从此变得不爱说话。

能说会道的妈妈或许拥有个不擅长说话的孩子，这样的例子我们在现实生活中经常能看到。

在小学当老师的朋友也曾告诉我："我见过很多不擅长说话的孩子的妈妈，能说会道、充满活力的她们很多都是单方面推进话题的人、不听别人说话的人、不给人留出说话空间的人。"

你或许会在心里想："能说会道的妈妈怎么会培养出一个不善言辞的孩子呢？"答案很简单，这是因为孩子没有更多说话的机会，他们的妈妈经常在孩子说什么的时候从旁插嘴，打断孩子的话。平时我经常听有这种表现的妈妈郑重其

事地对我说:"我很爱说话,不知道我家的孩子为什么这么不爱讲话。"她们或许做梦都没想到"是自己太会说了,才导致孩子不善言辞"吧!

如果妈妈想把孩子培养成有很强的语言表达能力,在幼儿园或学校有很多朋友,在学校十分活跃的人,首先应做到

"认真地听孩子说话,并好好地给予回应"这一点。有妈妈认真地听自己说话的孩子,自然会成为以与人说话为乐、拥有很多朋友、具有一定的表现力的快乐孩子。

顺带说一句,其实孩子刚出生就会用哭声或"啊、啊"等不能称之为话语的话和妈妈说话。妈妈虽然不知道孩子说的是什么,但也应用"妈妈在呢,妈妈知道了""嗯嗯,宝宝说得真好""宝宝说什么呢"等话语回应孩子。是否能做到这一点,很重要。请不要因觉得只会睡觉的小宝宝什么也不懂而对其不理不睬。要知道,不论是婴儿还是幼儿,他们都会拼命向妈妈传达自己的情绪。请试着认真地听孩子说话,并学着理解孩子的情绪吧!

提升孩子的表现力

我所在的机构一直设有表现力培训课程。该课程旨在将不擅长说话的孩子、好害羞的孩子、能与小伙伴和家人愉快地聊天但一到正式场合就说不出话的孩子培养成能在人前说出自己想说的话、表达出自己的意见的人。

凡报名该课程的,我都要求父母和孩子一起参加。而且,每次在开始上课前,我都会对妈妈们提出以下几点要求:

◎不要强迫孩子说话。

◎即使孩子不说话，也不要冲孩子发火，在孩子主动发言前应耐心等待。

◎不要对孩子的课上发言内容提出缺点或发表不好的评论。

◎我们最大的目的是让孩子变成敢于在人前说话的人，所以即使孩子起初不讲礼貌或有令人看不下去的举止，也不要过多地说孩子。

我请妈妈们做到这几点，是为了给孩子们提供一个可以放心大胆地在众人面前发言的环境。实践证明，如果父母破坏了这个我努力想为孩子营造的环境（哪怕只是破坏了一点点），孩子马上就会变得不安，并不再相信父母，不再开口说话。

孩子们在第一次上课时所呈现出来的模样真可谓是什么样的都有：既有紧紧贴着妈妈的孩子、低着头哭的孩子，也有坚持站在门边不进屋的孩子、在椅子上坐不住而躺在地板上的孩子。如果孩子在椅子上坐不住，我不强迫他（她）坐在椅子上，只是告诉他（她）："如果你想坐，随时可以坐。"如果孩子想和妈妈坐在一起，我就让他（她）挨着妈妈坐。虽然也有上了三天课却没在椅子上坐过一分钟的孩子，但我决不会发火。在这个过程中，妈妈也需要具有强大的忍耐力，并做到"在孩子开始在众人面前说话之前一直耐心地等待"这一点。

好不容易开始上课了,还是会有说不出自己的名字、一直低着头的孩子;一直行使缄默权、拒不张嘴说话的孩子;只会像蚊子一样小声说话的孩子。但是,上课次数一多,他们就会变得自信,而一有了自信,当我问问题时,他们就会主动举手并大声说话。

在某期表现力培训课程上,我遇到了一个已经上幼儿园中班却从未对老师和小朋友说过话的小女孩。因为在长达半年多的时间里,她在我们的教室一直一言不发,所以在她主动说话前,无论谁都没有听过她的声音。而且,她总是一副面无表情的样子,听没听懂、在想什么,我们全然不知。

我们在教室的后方设有陪同人员座位区,起初阶段,这个孩子一到教室,就一动不动地躺在妈妈的脚边。培训课程每两个月上一次,每次上三天,她连续参加了三次,都是以这种状态听课。她的妈妈怕给大家带来麻烦,曾多次要带她回家,可这个孩子坚决不离开,一直以她想呈现的状态参加我们的培训课程。

半年后,虽然她依然一言不发,但已能坐在座位上听课。之后,没过多久,她就能用如同蚊子叫般的声音说出自己的

名字，并一点一点地增加说话内容。等到暑假结束，再次入园上学时，在幼儿园从未说过一句话的她，不仅突然冲着园长老师说了一声"您好"，还主动告诉园长老师她在暑假经历的一些开心事。当她成为一名小学生时，她已是一个能说会道、充满活力的孩子。

我一直关注这个孩子的妈妈，妈妈在孩子开口说话前一直耐心等待的做法，让我十分感动。

不说话的原因只有孩子本人知道。但是，孩子都有表现自己的欲望。如果妈妈相信孩子肯定会开口说话，并耐心地等待，孩子就会主动消除这个导致自己不愿说话的障碍。障碍消除后，随着说话次数越来越多，孩子就会自信而生动地表达自己的情感。

如果老师和妈妈在孩子主动说话前相信孩子的能力，并耐心地等待，就一定能看到一个以表现自我为乐的孩子。

会笑的女孩最美

在来我的机构听课的孩子中，有些孩子竟然连怎么笑都忘了。这可能是因为家里因某些原因而长久没有笑声了吧！又或许是因为孩子总被妈妈命令或提醒做这做那。这些孩子的妈妈往往也没有笑容。这些孩子来我的机构上一段时间的课后，如果和老师混熟了，而妈妈也敞开了心扉，就会开始以笑脸示人。每次看到曾经不会笑的他们露出笑容，我都会松一口气。虽然他们在摆出一副可怕或僵硬的表情的时候，依然很可爱，但天真可爱的笑容更能打动我们，让我们从心底涌现无法言说的喜悦。如果他们的妈妈在看到他们露出笑容后也绽放出笑容，我们会更放心。

大家之所以觉得"孩子的笑脸真美""笑脸对女孩来说是很重要的面部表情"，应该是因为他们在看到那般纯真的笑脸后，都会为之叫好，并变得平静吧！毕竟常以笑示人的人是能给周围人带来愉悦和幸福的。

我们周围有很多一旦与人接触就自然露出笑容的人。在这类人中，还有即使没有笑的表情，也给人感觉一直笑着与人接触的人。我想，如果一个人在生活中即使遇到痛苦的事、讨厌的事、意料之外的事，也不抱怨，其平和的内心状态应该就会逐渐反应到脸上。而如果这个人总是呈现出柔和的表情，周围人或许就能感受到充满笑意的氛围。

有一次，我和我的一位总是以笑脸示人的朋友在结婚宴席上同席而坐。突然，一位白发苍苍的老绅士和他的夫人向我的朋友走来。走近后，老绅士笑呵呵地冲她说："这么美的笑脸，我还是头一次见到。内人和我刚才一直看着你。"

我的这位朋友确实长得很漂亮，但她当时并没有穿特别引人注目的衣服。在场也有很多穿着奢华衣服的美女，在宴席上，她并不是特别耀眼的存在。但是，她的笑脸却具有吸引人的魔力。

如果我们出门，在什么地方都能遇到各种各样的人。当你在餐厅、商店看到笑脸相迎的店员时，你是不是觉得很舒心？他们的笑脸如同告诉你"我们欢迎您的到来"，所以你自然会觉得很开心。当你在陌生的地方问路时，如果有人笑着给你指路，你是不是会在心里想"幸亏问的是这个人啊"？是的，笑脸就是这么有力量。

女孩终有一天会当妈妈。妈妈是一个要包容家里所有人的重要存在。对于将来要发挥如此重要作用的女孩而言，让自己拥有一个能让人平静下来、让气氛变得柔和的笑脸，显然是最重要的事。如果妈妈想培育出这样的女孩，请自己先以笑脸示人。如果妈妈用笑容包容所有人，家人就会觉得很幸福。毕竟女人笑着的时候是最美的。

不擅长笑的人，如果练习一下，也能让自己露出笑容。毫不隐瞒地说，我曾经也是一个不擅长笑的人。高中毕业数年后，我曾去看望我十分尊敬的一位学生时代的老师，并与他闲聊了一会儿。当他告诉我"上学那会儿，你在教室总是摆出一副十分可怕的表情"，我十分惊讶。在那之前，我从未留意自己的表情，也没想过"我该以什么表情示人"这个问题。后来我时常想起老师的这句话。

之后，我参加了某学习会。在该学习会上，老师告诉我"笑脸只要练一练，就能拥有"。于是，我按照老师介绍的方法每晚睡前在镜子前练习笑。果不其然，我逐渐会笑了。与此同时，我还慢慢拥有了一颗会笑的心。即使起初你只是表面笑一笑，不久之后你的心也会逐渐具备微笑的能力。

希望女孩拥有"丰富的内心世界"

> 养育女孩，物质上的富养，精神上的夸奖，还不是最重要的，最重要的是培养她们"丰富的内心世界"，乐观自信的性格，面对未来挑战的勇气。

先让孩子拥有自信吧

如果是喜欢做的事或感兴趣的事，即使放手不管，孩子本人也会不断钻研——在不断钻研的过程中，自然会越做越拿手。而讨厌做的事或不擅长做的事，如果大人放手不管，孩子就会永远原地踏步。所以，一般人的想法是："孩子不擅长的事、做不到的事，大人最好想办法训练一下，让孩子学会做。"

让孩子学会做之前不会做的事，是非常好的举动，但如果大人反复命令孩子去做他（她）讨厌做的事、不会做的事（即孩子不想做的事），不仅孩子会越来越没有干劲，妈妈的一番苦心也会付诸东流。

如果不想让自己的一番苦心白费，妈妈首先应主动同意孩子做自己喜欢的事，让孩子从中获取自信。孩子一旦有了自信，得到了大家的表扬和认可，就会有勇气，去做自己稍稍有些不擅长的事。如此一来，就会形成"会做以前怕做的事或不会做的事→积攒更多的自信→干劲更足，更愿意去尝试"的良性循环。

这个道理也适用于我们大人。如果被命令做的尽是一些我们不擅长的事、不会做的事，我们就会产生厌烦的情绪，进而丧失干劲，连原本会做的也变得不会做了。

上幼儿园大班的友里非常不擅长运动。她不仅跑得慢，连玩个单腿跳游戏都得跌倒两三回。她也非常讨厌参加幼儿园的运动会。

有一天，我和她一起下楼梯，在还差两个台阶就到达目的楼层的时候，我对她说"从这儿跳下去吧"。听我这么说，她站住了，并没有往下跳。当我对她说"我抓着你的手，不用害怕。一、二、三，跳"后，她才大胆地跳下去。她虽然起初很害怕往下跳，但在鼓起勇气往下跳后就爱上了这个运动。之后她又反复跳了好几次，最后已能跳三个台阶。后来，她到处找台阶跳，并在这个过程中，逐渐建立起了自信。

在会跳台阶后，她发生了很大的变化：不仅变得擅长玩单腿跳游戏了，连脸色都变得好看了，浑身上下都散发着活力。非但如此,从那以后,运动以外的事,她也开始主动尝试。在这期间,非常讨厌水溅到脸上的她,还在不知不觉间爱上了游泳。

久美是一个说话有点晚，看起来比实际年龄小的乖巧孩子。她的妈妈很担心她在幼儿园跟不上其他小朋友。我一直想找个机会让她在大家都看得见、都认可的地方获得自信。当我听说她非常喜欢用剪刀剪东西，在家也经常用剪刀剪这剪那后，就为她增加了很多可以让她在快乐中剪东西的机会。因为多了很多练习的机会，所以不久之后，用剪刀剪东西已成为她的一个拿手活。

据说刚上幼儿园不久，老师就当着众人的面表扬久美："你真擅长使用剪刀啊！"而就是这么简单的一句话，点燃了久美的干劲之火。

随着使用剪刀的技术越来越高超，久美变得越来越自信，并最终成为了一个能与小伙伴们一起玩耍、充满活力的孩子。

家有畏缩不前的孩子、无论做什么都没有自信的孩子的妈妈，往往会觉得必须尽早让孩子建立自信而一个劲儿地让孩子在他（她）不擅长的事上下功夫。请有这种倾向的妈妈不要只把注意力放在孩子不擅长的事上，一旦找到孩子的优点、擅长的方面，无论孩子多小，都要让孩子通过发挥这个优势建立自信。

提升孩子的长处吧

"提升孩子的长处吧！"

这是一句给人感觉很好的话，我从心里赞同这句话。

孩子身上既有无论谁都视之为"优点"的长处（比如：待人热情、温柔、有持之以恒的毅力、运动能力强、聪明等），也有乍一看是短处，稍加改变就能成为"闪光点"的长处。想要弄清楚孩子具备哪些长处，父母平时必须经常观察孩子。如果不这么做，就会错过一些发现孩子长处的机会。有时，如果父母受限于自己所持有的常识或只顾自己的方便和面子，就会毁掉孩子可贵的长处。

受众人认可的长处，看起来不像长处的长处，无论哪种长处，妈妈都能在经过一番仔细观察后发现，并通过往更好的方向引导，使之作为长处得到提升。

两岁半的小雪，上课期间一给她玩具或拼图，她就会用我们机构创办以来从未见过的有趣方法玩它们。可以说，好奇心旺盛、爱不停地动脑，是小雪的一大绝佳长处。但是，在她妈妈看来，小雪却是一个总爱做出一些奇怪举动的孩子。

两岁半的洋子在父母的带领下初次来到我们机构那天，

我刚把装满剪刀的盒子递给她，她就把其中一把剪刀套在手指上，并在稍作思考后，又套上一把剪刀。看得出来，她是想同时用两把剪刀剪纸。

见洋子这么做后，她的妈妈马上对洋子说："又那么做！剪刀只能用一把！"话音刚落，她的爸爸就说："你就会对孩子发火！"听到爸爸这么说，妈妈也不甘示弱，回击道："你总不在家，所以会说这种话。你知道吗，洋子做的尽是一些奇怪的事。"瞬间气氛变得有些可怕。

这时，老师对洋子的爸爸和妈妈说："洋子是一个能想到别人想不到的有趣做法的聪明孩子，请好好照料她。"老师刚说完，洋子就用两把剪刀剪出了两条线。她的手很小，起初怎么也无法同时拿住两把剪刀，但最终还是成功了。

我对她的妈妈说：

"我想有天才之称的爱迪生肯定也是一个有趣的孩子。无论谁都不认可他，说他是一个怪人，只有他的妈妈觉得他做的都是有趣的事。因为有妈妈的认可，所以对自己充满信心的他接二连三地发明出了有趣的东西。我希望您每五次中有一次认可洋子做的趣事，虽然我也觉得这很难做到。"

三岁的小葵和她奶奶一起来我们机构那天，我给她看两张印刷纸，问她"要哪张"，她的回答是"两张都要"。当她两只手各握着一支铅笔，正要同时在两张纸上画东西时，她的奶奶反复对她说"你做不到的，快停下"，小葵却坚持说"我能做到"。当老师对她说"小葵真厉害啊，要用两支铅笔操作了"，她盯着印刷纸看了片刻，发现自己做不到，就说"老师，怎么才能同时用两支铅笔写？教教我吧"，把大家逗得哈哈笑。小葵就是这么一个总能不断冒出新想法的有趣孩子。我想，如果大人不骂她"愚蠢"，并常常陪她一起开心地玩，她一定能成长为既有幽默感又机灵的有趣孩子。

两岁的真美是一个经常穿着一身漂亮的衣服、充满活力的女孩。比她大五岁的哥哥温顺老实，很好照看，而真美活泼倔强，正好与哥哥相反，因而性格截然不同的这对兄妹经常让他们的妈妈不知所措。

现在真美最热衷的事是做鬼脸（用手指翻开下眼皮）。无论做什么都先做鬼脸，尤其是做她喜欢的事或擅长的事时，她更兴奋——她会边做"鬼脸"边跳起来。如果有喜欢的客人来家里，她会边做出"开心欢迎"的鬼脸边在客人的周围跳舞，而她的妈妈则每次都会生气地让她停下来。虽然妈妈每次都很生气，但真美还是我行我素。她的妈妈为此很苦恼，觉得"女孩子怎么可以有如此不礼貌的动作呢"。

经常做鬼脸的真美很容易被人认为是一个做事不会看场

合的孩子。其实她只是用自己的表现方式而非父母所教的或大众认可的方式表达自己的心情。

如果父母不批评、破坏真美的这一表现方式，而是在边上静静守候，她长大后就能快乐地与人接触。如果在此基础上，父母还经常在真美面前展示礼貌待人的姿态，她自然就能慢慢养成礼貌待人的习惯。家有经常做出奇怪举动的孩子的妈妈，请不要因此担心或批评孩子，请让自己具备接纳孩子的奇怪表现的耐心，并不断给孩子展示礼貌待人的姿态吧！

其实，即使是大人眼里不听话的孩子、淘气的孩子、尽做一些怪事的孩子，只要仔细观察，也能在他们身上发现很多优点。

有个孩子平时尽做一些让我觉得很苦恼的事，但当我看起来有些不舒服的时候，她不是上前关切地问我"老师，您没事吧"，就是送我礼物——有时会将她在路边捡到的松塔送给我，有时会给我画一幅可爱的画。

如果当你生病的时候，还没上小学的孩子替你把饭做好了，或为你盖上了被子、用手抚摩你的身体，觉得意外的你是否会十分感动？当你发现孩子在这方面有很好的表现时，请不要错过机会，好好表扬孩子吧！我想，无论哪个孩子，只要得到妈妈的认可，就会变得很开心，并不断地提升自己的长处，逐渐成长为充满自信、重视自己的人吧！

让短处发挥积极作用吧

小鲇是一个性格很好的女孩，但她有一个缺点：无论什么事都慢腾腾地做。

周围的人总会不由自主地催她"快点快点"，可她就是不改变"无论什么都认真地做"的做事风格。在小学入学考试中，她认真地做每一道题，最后因时间不够用而没考上理想的学校。但她的妈妈没有因此悲观失望，总是表扬她说："小鲇做什么都很认真啊！"而经常得到妈妈表扬的小鲇自然就变得很自信。

如果小鲇的妈妈总是不断地对小鲇说"太慢了！快做！"，情况又会如何呢？或许小鲇就会成为一个自卑忧郁的孩子。

悦子是一个具有幽默感的快乐孩子。还是她上幼儿园的时候，有一次，她在随集体从一个教室走向另一个教室的途中看到了蚂蚁的队伍。刚一看到，她就被深深吸引住了。于是，她就蹲下来观察。不久之后，老师发现悦子不见了踪影，便返回来寻找，当他看到正在院子里入迷地看蚂蚁队伍的悦子时，批评了悦子，说她是一个不守规矩的孩子。

但是，当悦子上小学后，她的班主任老师却给予她很高的评价，说悦子是一个天真烂漫、充满童真的孩子。

某个特质是长处还是短处，不同的人会有不同的看法。我经常在小学入学考试的面试环节听父母说孩子的长处和短处，发现长处和短处互为表里的例子真的有很多。比如，"做事麻利，但粗心大意""怕生，但交朋友很慎重"，等等。

有的妈妈在说孩子的长处和短处时，只说孩子的短处，如"不沉稳""和小朋友玩儿不到一起去""粗野"等。其实，孩子在小的时候，自己是看不到自己的缺点的，也无法克服自己的缺点，或让缺点发挥积极作用的。短处也分很多种，如果父母发现了孩子的短处，就要想办法让它发挥积极的作用。身体弱的孩子、性格软弱的孩子、过于强势的孩子、惧怕做什么的孩子，这些孩子身上都有很多缺点。但他们中的很多人，不是长大后通过努力弥补、克服短处，将短处变成了长处，或为弥补短处想出了独到的应对之策，就是在短处的"逼压"下发展自己的新才能。

在我的朋友中就有让自己的短处发挥积极作用的人。

知美是一个非常怕麻烦的人，但她非常擅长做菜，经常有很多朋友在她家聚餐。怕麻烦的她做菜速度快，做出来的菜虽然简单，但味道很好，深受大家的喜欢。

坐不住的加奈子无法长时间地做一件事，如果一直做同一件事，她就会变得焦躁不安。她一直为自己有这个短处而烦恼，但无论怎么努力都无法改善。于是，她想出了一个办法：买来一个秒表，让自己在规定时间内完成每件事，比如最讨厌的扫除工作只花五分钟，感谢信花十分钟即写好，新买回来的东西花二十分钟收拾。自从这么做后，所有必须做的事她都能一件不落地完成。她因此还被周围的人评价为"擅长做家务的人"。

像知美、加奈子这样在日常小事上也能让短处发挥积极作用、开心地活着的人，我们周围并不少见。而且，通过让短处发挥积极作用，从而取得了一定的成绩的人，也数不胜数。

请妈妈用积极的姿态面对孩子的短处，若是可以改善的短处，则努力改善，若是无论如何都改善不了的短处，则耐心等候，相信孩子有一天自己会主动改善。

有良好内在的女孩，看起来很美

如果有人用灿烂的笑脸对我说"你好"，我就会开心地想："来这里能遇到他（她），真好！"

我经常去一家在摆有花木的、一角设有茶室的花店，其茶室的工作人员总是用微笑和温柔的话语迎接顾客，在为顾客端茶送餐时，总不会忘了说一句"请您慢用"。

一有人笑着和我说话，我就会觉得很开心，有时心底甚至会涌现些许幸福感。外表漂亮的人、长得一般的人、身材不错的人、长得有些丰满的人……这家花店大概有十名工作人员，每个人的姿容都不一样。我觉得在这里待着很开心，不是因为她们有漂亮的外表或标致的身材。如果接待我的是一名很漂亮但连笑都不会笑一下的工作人员，我通常会觉得有些遗憾。

如果在电视上看到漂亮的女孩或在街上看到优雅大方的女孩，我有时会感叹一句："真美啊！"但是，人们对在社会上发挥一己之力的人的评价和其外表并没有关系。

幼儿园或保育员的老师外表如何并不重要，只要是能温柔地对待孩子的人，就会被称为好老师；只要是能好好完成老师的本职工作的人，就会被评价为"那是一个非常好的老师""很关心孩子的老师"。

在公司中亦是如此，能礼貌待人、麻利完成工作的人，往往会备受好评。"因为长得好看，所以即使犯错了，也能饶恕"这类事，通常是不会发生的。比起只在意外表的人，温柔地对待孩子、好好履行身为母亲的职责的人，更配得上"好妈妈"这个称呼。

我们在评价一个女孩的时候，看外表就对其做出评价的场合实际上非常少。即使有看外表就给予评价的时候,但如果没有内在,其评价也会大打折扣吧!通常,如果女孩具有漂亮的姿容却不磨炼内在,就会被评价为"心眼不好""不和悦""粗俗"。而如果女孩的内在真的很不错,其内在的好就会体现在脸上、行为上,让整个人显得很美。

给人感觉很温柔的人、有品格的人、拼命努力工作的人、有良好内在的人,都看起来很美。

我曾和一位男孩的妈妈聊天,她对我说:

"以前我总想,自己的孩子不论是男孩还是女孩,如果我能将他(她)培养成会学习的孩子,就太好了。毕竟我从小就羡慕会学习的人。但我现在觉得,学历和容貌都是其次,儿子要是能和一个温柔率直的女孩结婚就好了。"

也曾有妈妈对我这么说:

"我只希望儿子的结婚对象具备两个条件:温柔;能培育好孩子。"

几乎没有人将"外表漂亮"视为优秀女孩必须具备的一个条件。大家看重的都是一个人的内在,希望女孩拥有良好的内在。所以,女孩是否能做到"不管长得好看与否,都心无旁骛地磨炼自己的内在",很重要。这才是通往幸福人生的捷径。

率直的孩子都成长得好

能直率地说出感谢话的人、能坦诚地说对不起的人、能坦率地回答"是的"的人,都很棒。我的周围也有这样的人。大家的周围是不是也有这样的人呢?

经常有学校的老师说这句话："率直的孩子都成长得好。"对此我也有同感。

我以0岁到上小学前的孩子为对象开展幼儿教育工作，我在我的机构经常说："有着率直的性格的妈妈的孩子都成长得很好。"

老师为孩子的健康成长，经常对父母说"如果这么做，更好"，因而如果妈妈性格率直，总是老老实实地按照老师的话执行，其孩子成长得好也是理所当然的事。

但是，也有因怀疑老师的话是否正确而不执行的妈妈们。我想对这样的妈妈说：不要还没开始做就持否定态度，可以先试着做做自己觉得老师说得对的事，到无论如何都不行时再放弃或想别的办法也不晚。

有时我们明知道"做事率直是好习惯"，却会突然从脑中蹦出一个"但是"。这个"但是"是不是就是导致我们无法率直地做事的原因呢？

"不想听他的话。"

"有被人强迫的感觉。"

"讨厌别人命令我做什么。"

"一听到别人说什么，我就想反对。"

"有被责备的感觉。"

"不想听年龄比我小的人说话。"

如果就像这样把自己无法率直地做事的原因列出来，我们就会明白自己并不是一个率直的人。做一个率直的人非常难，但当我看到身边有率直的人时，就会想"如果自己也能率直地做事，该有多好"。当我和率直的人在一起的时候，我会觉得自己正在变得率直。而这是一种很棒的感觉。

我还发现，如果和率直的人一起工作，就能很顺利地开展工作。我认为，这是因为率直的人只要觉得可以做什么事，就会马上执行。和率直的人一起工作还有一个优点：一和这样的人一起工作，心情就会变得很好。而这是我最看重的。或许变得率直，即意味着人会逐渐具备让事情向好的方向发展的力量吧！

很多人对"变得率直"这件事持有不好的印象，认为变得率直即意味着自己很脆弱、缺乏魄力、没有自我。其实，"率直而为"是很积极的举动，它原本是指按照自己的想法采纳别人的建议并付诸实践或按照自己的想法传达自己的心情。

能直率地说一声令人愉快的"你好"的人、能对人说一句"谢谢"的人，都深受大家的喜欢。如果有人对我做了过分的事，但他让我看到了坦诚道歉的姿态，即使做得很过分，我想我应该也会选择原谅他吧！

我觉得可以将"率直的人"视为有魅力的人。率直的人大多可爱而又不失温柔。他们不仅善于工作，还具有无须使出浑身解数就能打动人心的力量。

妈妈都从心里希望自己的女儿将来拥有幸福的人生，而能打开幸福锁的钥匙就大量地藏在"率直"之中。

请妈妈将"但是"暂且放在脑后，鼓起勇气对人说"谢谢""早上好""对不起"吧！只要你肯付出努力，即使你是一个成人，也能让自己变得率直。

将女孩培育成有品格的人

我们身边既有穿着名贵服装、外表无可挑剔却给人感觉很粗俗的人，很有钱却缺乏风度的人，也有穿着朴素却看起来很文雅的人，称不上是美女却很有风度的人。如此看来，是否具有良好的品格与外表多半是没有关系的吧！

将"什么是品格"解释清楚，是一件很难的事，但某个人是否有品格，我们看一眼就知道。有品格的女性给人的感觉很好，而且，其表情也和普通人不一样。

那么，如何做才能把女孩培育成有品格的女性呢？我认为，有良好品格的妈妈在有着良好氛围的家庭培育出的孩子自然会有文雅的举止。因为孩子在日常生活中都是在妈妈的影响下成长的。教养亦是如此。教养也是孩子在妈妈潜移默化的影响下才能具备的。光口头上说说，并无法让孩子成为有教养的人。毕竟孩子都是在边看边学边实践中逐渐具备教养的。

如果想将女孩培育成有品格的人，妈妈首先应让自己过上有"品质"的生活。

◎不要总抱怨。

◎时常感谢人和物。
◎不要总说别人的坏话和闲话。
◎即使在家中，也待人温柔恳切。
◎注意礼仪规范，说漂亮的话。
◎和有品格的人交往。

我平时也经常对照以上这几条反省自我。将什么都做到完美，是一件很难的事，但如果每天都让自己去实践，无论是身为妈妈的你，还是孩子，应该都能逐渐成为有品格的人。

有品格、温柔的女孩不仅可以赢得别人的好感，还能让自己胜人一筹，获得别人的尊敬。有人对"品格"的理解有误，认为"有品格即软弱、高高在上、不亲切、没有活力"，其实不然。

在我们周围，阳光开朗、总能麻利地完成家务活或工作的有品格的女性，随处可见。因为有品格的她们胜人一筹，总能获得他人的信任，并很少被人嫉妒，所以她们的生活已形成良性循环。她们有的是温柔体贴的妈妈，有的总能召集很多人到家中聚会，有的做着对他人有益的工作，还有的做着需要满世界跑的工作……她们都活跃在各自的人生舞台上。

在这些女性中，有的并不知道自己是一个有品格的人，但别人能感受到她们的品格魅力。而且，不可思议的是，在她们面前显得有些粗鲁的人，一与她们接触，往往就会变成待人亲切、举止文雅的人。

　　身为妈妈的你如果也想让女儿成为这样的人，请注意自己的一言一行，先让自己成为有品格的人吧！如果妈妈表现得很有品格，孩子自然会看在眼里、学在心里。

　　不要担心，这是谁都能做到的事。

本章小结

◆妈妈们，请花足够多的时间教孩子，让孩子拥有一颗体贴之心吧！此外，也请好好告诉孩子什么必须做、什么不能做以及各种事情的做法吧！

◆妈妈只有从婴儿时期开始给孩子做示范，并每日实践，孩子才逐渐会打招呼。在孩子真正学会之前，妈妈需要示范数万次。

◆学做家务也是件很重要的事，但只有小时候拥有"给父母当小帮手""做菜"等丰富经历的女孩，才能成长为具有生活力的人。

◆如果妈妈肯定能遵守约定，不仅孩子能成为遵守约定的人，亲子关系也能变得和谐融洽。

◆使孩子具备"倾听能力"的最佳方法是亲子谈话，除了实践这个方法外，请积极创造孩子和外人说话的机会吧！

◆如果妈妈想培育出会笑的女孩，请自己先以笑脸示人。如果妈妈用笑容包容所有人，家人就会觉得很幸福。

◆请妈妈们不要只把注意力放在孩子不擅长的事上，一旦找到孩子的优点、擅长的方面，无论孩子多小，都要让孩子通过发挥这个优势建立自信。

◆请妈妈用积极的姿态面对孩子的短处，若是可以改善的短处，则努力改善，若是无论如何都改善不了的短处，则耐心等待，相信孩子有一天自己会主动改善。

第三章
请将女孩培养成喜欢学习的孩子

觉得学习是件乐事的女孩,不仅能不断增长知识、拥有一个光明的未来,其人生还具有更多的可能性。如果想将女儿培养成非常喜欢学习的孩子,请多多创造亲子快乐共学的机会吧!

即便是大人觉得习以为常的事物,

妈妈也要一一教给孩子。

放手让孩子去经历吧

> 养育孩子不要过度保护，要敢于让她们去经历，吃亏、摔跟头都要趁早，同时还要引导孩子做一些看似无用的事。

"玩这个有什么好处吗？"

"将来能看到什么效果？"

应和孩子玩藏猫猫游戏、应让孩子玩拼图游戏、应多让孩子动手玩……当我给妈妈们提这些幼儿教育方面的建议时，总能听到以上这两句话。

在妈妈们中，不仅有说"小学入学考试不会出绘画题，所以我家孩子没必要学画画"，并对老师的建议充耳不闻的妈妈，也有到处在老师布置的练习题上画大叉，说"没必要做这类题，以后请不要让我的孩子做"的妈妈。

我想无论哪个妈妈都是为自己的孩子着想，希望孩子少浪费时间、做事有效率，能花最小的努力获取最大的效果的吧！但是，我并不建议妈妈过多地将自己的想法付诸实践，特别是针对孩子必须通过吸收各种知识才能打好人生基础这种观念。因为未必只有妈妈觉得对孩子有用的东西可以为孩子的未来打基础，妈妈为孩子做的事未必能取得预期效果。

我想应该无论谁都有这种体验：当时觉得对自己没有帮助的事、讨厌做的事、无聊的事或重大失败（甚至是被欺凌的经历），后来却对自己的人格形成起了很好的作用。什么对孩子的人格形成有益，我想只有像上帝一样能预知一切的人才知道吧！

在培育孩子时，请不要光想着"如何才能少浪费时间"或"提高效率的方法"，无论什么事都放手让孩子去经历吧！孩子在经历各种事情的过程中能学到并掌握很多知识。而且，这样的孩子应该还能在不久之后像妈妈所真正期待的那样，成长为"能独立思考问题、自己解决问题的孩子"。

培养生活所需的数感

> 数学知识对我们所有人,从儿童到成人,并且在生活的方方面面都很有用,女孩更有必要有数感,妈妈将数学融入日常生活很有必要。

女孩更有必要学算术

"算术对女孩来说,不是必须学的科目。"

在妈妈们中或许就有这么想的人。

如果学算术只是为了在学校的考试中取得好成绩,那么算术或许真的不是必学科目。但在我看来,算术在家庭生活、育儿生活中才能发挥最大的作用。

学算术,不仅能培养对数字的感觉,还能为将来有条理有逻辑地思考问题打下基础。这种基础,金钱管理方面自不用说,它还是我们在打理家庭的一切事务、制订每日计划或未来计划时必不可缺的。如果我们打下了良好的算术基础,就能过上宽裕舒适的生活。对于肩负着管理家计重任的妈妈、正在培育孩子的妈妈来说,算术的精髓是必须掌握的。

我们先来看一个例子吧！我平时十分尊敬的小彩是两个孩子的妈妈。有一次，我去她家刚建好的房子拜访，当我看到家里被收拾得又整齐又漂亮时，我惊叹不已。她家的餐具按照使用频率放在离餐桌最近的抽屉中，垃圾也是按类别扔进不同的垃圾桶，所以含有水分的垃圾从不会滞留在厨房，水槽总是闪闪发亮。电话放在离房间最近的地方，壁橱里也是按照使用频率摆放物品。而且，收拾整理工作也做得很完美。有逻辑地思考问题的小彩真是把算术的精髓百分百地活用到了生活中。

因为小彩的孩子们从小在妈妈所营造出的绝佳环境中看着妈妈做这做那，所以他们自然而然就掌握了正确的学习方法、时间使用方法和思考方法，并成长为能管理自己的人。家就是这么一个能让我们创造性地将算术思维具体应用到实际中的绝佳场所、有使用价值的场所。而且，对于妈妈来说，算术应该是最必不可缺、最有用的东西吧！妈妈这种将算术思维融入生活和大脑的姿态也会切实传承给终有一天要当妈妈的女儿。

增加接触"数字"的机会

可能是因为现在的孩子在日常生活中接触数字的机会很少吧，他们对数字的敏感程度正在变得越来越低。

大家不觉得数字是不用特意教就能自然而然记住的吗？过去的孩子在家中都有很多接触数字的机会，比如大人会让哥哥弟弟分一块糕点，或让孩子去买"一个苹果、三根胡萝卜"等。然而，随着少子化和家庭小型化的出现，兄弟姐妹间已很少有分糕点的机会。而且，即使是让孩子替大人去买食材，也是买袋装的。因此，孩子接触数字的机会正在变得越来越少。在这种情况下，父母如果想让孩子拥有更好的未来，就必须有意识地培养孩子对数字的感觉，教孩子和数字有关的知识。

在平常生活中，我们即使缺乏对数字的感觉、和数字有关的知识，也不会马上陷入困境。但是，没有算术基础就上小学的孩子，会马上因无法理解算术的授课内容而在学习上受挫。

如果想避免出现这种情况，就应让孩子从幼儿开始在生活中接触数字——这么做很重要。日常生活中可以让孩子接触数字的场合不计其数。比如，妈妈平时可以在浴盆中数"一、二、三"，有意识地对孩子说"今天的点心是三块饼干""吃完一个，还剩两个哦""每个盘子放两块吧"或问孩子"哪个更多呀"，等等。像这样在生活中经常有机会感受、记忆数字的孩子，自然能培养起良好的数感，为今后打下坚实的基础，所以他们上学后也不会在算术科目上遇到挫折。

做吟诵数字的练习

和爸爸或妈妈一起洗澡时，数"一、二、三"一直数到洗完澡的经历，我想应该谁都有过吧！可以说，在洗澡时间吟诵数字绝对是一个让孩子接触数字的好机会。

如果在洗澡的时候，边吟诵数字边有节奏地拍打肩膀，孩子更容易记住。而如果每次洗澡都这么做，孩子就能先记住数字一到十。

如果父母让能出声数数的孩子和自己一起数数，等三岁的时候，孩子就能轻松数到五十。

当孩子能出声数数后，请以吟诵的方式数实际物品吧！

如果妈妈将新买回来的东西摆在桌上后，给孩子做数数的示范，说"一、二、三，苹果有三个呀""一、二，洋葱有两个呀"等，比较小的孩子可能不能完全理解，但她会逐渐意识到数字的存在。

除此之外，妈妈还可以当着孩子的面数手、脚、手指等。

请像"一、二，宝宝的脚有两只哦，手也有两只哦"这样，边触碰孩子的眼睛、耳朵、嘴巴等身体部位边告诉孩子数量吧！

"手指有几根？一、二、三、四、五，五根哦！"

"妈妈有几根手指，数数看？"

如果反复对孩子说这两句话，孩子不仅能学会数数，还能明白人体的构造。

如果将孩子伸开五指的双手放在纸上，用笔描绘手形，孩子就会很开心，而如果在此基础上再数数一共有几根手指，孩子会记得更清楚。

当孩子能自由活动手指后，请让孩子做掰着手指数"一、二、三、四、五"的练习。由于现在无法随意活动手指的孩子也有逐渐增多的趋势，所以也可以将该练习作为一个活动手指的训练方法。请先让孩子学会掰着指头数一到十吧！接下来让孩子在上小学前学会从一数到一百即可。

让孩子认识"数量"

如果给三岁的玲子看放在碟子上的两个玻璃球，并问她"多少"，她会回答："一、二，两个。"

在数过"一、二"后，玲子才知道是"两个"。无论问她多少次，她都回答"一、二，两个"。玲子会数数，但当她突然看到放在碟子上的两个玻璃球时，她无法理解这是"两个"玻璃球。换言之，她不会辨别数量。

在我的机构，我从孩子1岁左右开始引入将数字作为"数量"来认识的游戏。

玩法很简单:准备白色的纸碟子和玻璃球,将一个纸碟子放在桌上后,边说"一"边把一个玻璃球放在纸碟子上。请妈妈按照这个方法做给宝宝看。如果孩子能自己放玻璃球,请妈妈先给孩子做个示范,再让孩子自己边说"一"边把玻璃球放在纸碟子上。如果孩子做对了,请表扬她吧!

在孩子完全理解"一"之前,请反复玩这个游戏——哪怕需要玩数十次、数百次。待孩子彻底理解"一"后,边说"二",边将两个玻璃球同时放在碟子上。

"同时放"是个很关键的动作。无法将"两个玻璃球"视为一个整体的孩子,当他(她)把两个玻璃球同时放在碟子上时,他(她)说不出"二"。而且,如果他(她)没有数着说"一、二,二",他(她)就不知道这是"两个"。也有不出声说,而是先在心里数"一、二",再说出"两个"的孩子,所以当孩子回答速度有些慢时,请妈妈提醒一下。如果孩子已明白"二",请按照"三""四""五"的顺序逐渐增加数量。在向下个数字推进时,请妈妈一定要确保孩子已明白上个数字所对应的数量。

幼儿期的学习以快乐为本,因此在选择游戏道具时要使用孩子感兴趣的东西。"用糕点做道具,如果孩子回答对,就给孩子吃"的方法也备受好评。如果孩子开始出现厌烦情绪，必须停下来让孩子休息一会儿。

"为什么这都不会！"

"你真的很笨啊！"

请一定不要对孩子说这类话。

让孩子认识数字所对应的数量之所以是件重要的事，是因为很多会出声数数、会写数字却不认识"数量"的孩子上小学后都在学算术的过程中遇到了困难——至于为什么会这样，我也不清楚。

如果让不会辨别"数量"的孩子玩这个游戏，他们或许会采取极度讨厌或直接无视的态度。如果妈妈发现孩子有这个倾向，请尽早让孩子熟悉这个游戏的玩法。孩子越小越能尽快改善不良倾向，请妈妈一定要好好引导孩子。

教孩子把握"数字"和"数量"

宾果游戏是一款只要能看懂数字，连小小孩都能乐在其中的游戏。虽然很简单，其效果却很好。请一定要尝试一下。

玩这个游戏需要准备以下这些东西：在长宽各27厘米的厚纸上纵横各画有3个格子的宾果棋盘，并准备一定数量的玻璃球。备好东西后，将1~9数字以打乱顺序的方式胡乱写在厚纸上格子里。

规则很简单：妈妈一说"1"，就让孩子把玻璃球放在写着"1"的格子上。在说数字时，妈妈只需做到"不按顺序说写在格子里的数字"。当所有格子里都有玻璃球时，游戏即宣告结束。

当孩子能很熟练地用一张宾果棋盘玩这个游戏时，可以将宾果棋盘增至两张。棋盘上的数字排列方式，可以改变一下。两张棋盘的玩法是，让双手都拿着玻璃球的孩子，在听到妈妈说的数字后，将左右手中的玻璃球同时放在两张棋盘上。

当棋盘增至两张后，孩子必须同时看两张棋盘，所以起初孩子可能会找不到。但是，孩子只要稍加练习，即使棋盘增至三张也能搞定。

在玩这个游戏时，请妈妈边说数字边对孩子说"嘿，下一个是什么数字呢""玩得真好，加油啊"等话语。或许起初"即使妈妈已说完数字，孩子也无法马上找到"的状态会持续一会儿，这时请耐心等待，不要催促孩子。即使孩子放错了，也不可严厉地斥责孩子说"错了吧"，这时请声援孩子，对孩子说"哪个是3呢"，并在孩子放对之前耐心等待。在玩过四五轮后，无论哪个孩子都能将玻璃球快速而准确地放入棋盘中。

待孩子会玩数字宾果游戏后，请妈妈给孩子制作一张小圆点版本的棋盘。所谓小圆点版本的棋盘，即以用"●●"代替"2"、用"●●●"代替"3"的方式制作棋盘。玩这个

版本的游戏的最终目标是,当妈妈说"3"后,孩子无须数"●"的个数,看一眼就知道"●●●"在哪里。如果上文介绍的辨认玻璃球数量的练习,孩子练得很好,自然也会玩这种类型的宾果游戏。

如果孩子玩得很好,请试着同时用一张数字宾果棋盘和一张小圆点宾果棋盘玩宾果游戏。这样玩不仅能让孩子记住数字和数量,还能培养孩子的注意力和对数字的认知能力。

我在机构里,还经常制作其他棋盘。我会先将鱼、蝴蝶、花、文具等画在棋盘上,再给孩子出题,比如"我'汪汪汪'地叫""一到春天就会开放的黄色花朵""在涂颜色时使用的东西"等。

宾果游戏还可以用来练习孩子的听力,并且孩子们也非常喜欢。

培养生活所需的"感觉"

> 即便是大人觉得习以为常的事物,比如看时钟、认识日期和星期、认识斜线、培养左右感等,妈妈也要一一教给孩子,就能提升孩子的学习能力。

教孩子看时钟

对时间的感觉、时钟的读法也是我希望妈妈在家中亲口教给孩子,让孩子从小掌握的。

如果想教小小孩时钟的读法,培养他们对时间的感觉,最好使用表盘很大、写着很大数字的指针式时钟。数字式时钟只显示当时时刻所对应的数字,所以如果使用这种时钟,就必须教孩子怎么做看时钟的练习,让孩子理解"~点多""~点前""~点后"的意思。

起初还是时常边指着时钟,边对孩子说"现在是八点哦""到九点宝宝就睡觉吧""我们十分钟后去保育园吧"等话语吧!如此一来,小小孩就能知道"时间"的存在。

小瞳刚满两周岁时曾和父母一起去温泉度假,当她和妈妈一起进入大浴场后,她刚听到旁边的阿姨们谈论"现在几点",就大声告诉阿姨们"那边有一个时钟哦"。据说小瞳的这一举动让在场的人都吓了一跳。小瞳之所以知道"只要看时钟,就知道几点",或许是因为她的妈妈从她一岁开始就经常看着时钟说"现在几点"吧!

请妈妈也把读时钟的方法教给会看数字的孩子吧!起初孩子会看"十点""三点"等整点,就已足够。待孩子会看几点后,可以再培养孩子对时间的感觉,教孩子理解"~点前""~点多"的意思。有的孩子都上小学三四年级了,还不具备这种感觉——虽然会看几点几分。我想,如果妈妈边指着时钟边反复对孩子说"我们八点多出门""九点前睡觉吧",孩子自然会理解"~点多""~点前"的意思。

对于某一事物的学习,是否曾经听过、用过至关重要。无论什么事都体验过的孩子会成长为以学习为乐、擅长学习的人。

教孩子认识日期和星期

如果不每天都提一嘴,孩子是很难对日期和星期形成概念的。我觉得保育园或幼儿园应该也会教孩子认识日期和星期,但即便如此,父母在家中也应多对孩子说日期和星期。

请准备一本方便孩子看、数字写得很大很清晰的日历，并每天早上都指着上面的日期和星期对孩子说"今天是几月几号，星期几"吧！

有相当多的孩子，即使我对他们说"你知道今天是星期一吗""星期三是学钢琴的日子吧"，他们也不知道我说的是什么——他们并不知道世上有"星期"的存在。

"今天是星期六，幼儿园放假哦！"

"今天是星期三，是某某节目的播放日。"

"这个星期的星期天，我们去动物园吧！"

如果像上文所述般将星期几和具体的活动、事情、节日结合在一起说，或许孩子就能产生"星期是自己身边的东西"的感觉。

待孩子能熟练地说出今天是星期几后，请在说话时加上天气吧！比如说"今天是晴天哦""太阳没出来，今天是阴天"等。

现在，不知道天气的概念的孩子也正在不断增多。有的孩子即使当天晴空万里或撑着雨伞在雨中玩水坑，也不知道当天的天气是晴天还是雨天。即使对他（她）说"今天天气很好啊"也完全不知道你说的是什么意思的孩子也不罕见。

如果即便是大人觉得习以为常的事物，妈妈也一一教给孩子，就能提升孩子的学习能力。请把能教的都不断地教给孩子吧！

制作日历，教孩子认识季节

现在对季节没有概念的孩子也有不断增多的趋势。如果问幼儿园大班的孩子"正月是什么季节"，他们大多回答的是"春季""夏季"，能正确回答出"冬季"的孩子几乎没有。所有孩子都知道的节日只有"圣诞节"一个。

"春天来了，天气变暖和了。蒲公英开花了哦！"

"天气变凉了啊。秋天到了哦。红蜻蜓正在空中飞来飞去。"

"知了开始鸣叫啦。炎热的夏天来了。"

请像上文所述般教孩子认识季节吧！

在我的机构，我让会写数字的孩子从上幼儿园中班开始制作"我的日历"。如果让只会写到十的孩子制作十二个月份的日历，他们不仅能从一写到三十、三十一，还能边看范本边学着写星期的汉字。在我教过的孩子中，甚至有在星期天和某节日上画一个红圈，在自己的生日上用自己喜欢的颜色画一朵小花，在家人的生日上贴一张贴纸的孩子。有的孩子只在空白处画了几幅与季节相关的画，就做出了一本让自己引以为豪的日历。

如果在将孩子制作的日历挂在醒目的地方后，边对孩子说"还有五天圣诞老人就来了""马上就要过生日了""十号到十三号，我们出门旅行，在上面贴一张贴纸吧"等话语，边教孩子认日期、星期和季节，孩子就能在快乐中掌握这些知识。

培养孩子的左右感

对左右的感觉是我希望孩子形成条件反射的感觉之一。

在我的机构，我要求妈妈们在和小宝宝、大孩子打招呼时，边说"用右手握手"，边紧紧地握住孩子的右手。我规定，在孩子能牢牢记住右手前，只能用右手握手。请妈妈不要用左手和孩子握手，因为这样会造成混乱。请爸爸、爷爷、奶奶等孩子身边的人也只用右手握手吧！

也有"拿筷子的手是右手"的教法，但如果采用这个方法，猛然听到"右手"的孩子还需要先在心里想一想"嗯，拿筷子的是这只手，所以右边是指这边吧"，再做出反应。如此一来，反应速度自然会变慢。因为按照这种教法，孩子无法条件反射似的做出反应，所以请妈妈还是按照上述的握手方法让孩子形成左右感觉的条件反射。

其实，我是一个需要思考一下才能分辨左右的人。无论年龄多大，都无法改变这一点。当我在驾校首次练习开车时，教练让我"向右转"，我却要先在大脑中确认哪只是拿筷子的手。教练见我反应如此迟钝，曾很严厉地训斥我："你这样很危险，以后禁止像这样开车！"为了避免出现这种情况，请尽量让孩子多做分辨左右的练习吧！

待孩子能分辨左右手后，再告诉孩子"伸出右手并向右弯曲即向右转的意思，伸出左手并向左弯曲即向左转的意思"吧！

教孩子认识斜线

每次我一说"有孩子不认识斜线"，妈妈们就会边露出奇怪的表情边说"为什么孩子很难注意到斜线的存在呢""如果孩子不认识斜线，会遇到什么麻烦吗"等。

美佳是一个特别聪明的幼儿园大班孩子。她其他事情都做得很好，唯独对斜线一直不认识。某次课上，为了让她熟悉斜线，我让她拼简单的拼图。可明明有做好的拼图样品可以参考，她却怎么也拼不出像样品一样的图，只是在一个劲儿地摆弄样品。最后她还哭了起来。即使我鼓励她说"美佳表现得很沉着，看得很仔细啊"，她还是边说"我不明白怎么拼，不会，不会"，边抽抽搭搭地哭个不停。美佳的妈妈摇着头说："这么简单的拼图，怎么就不会呢？"

在我教过的学生中，不像美佳这般严重但很难注意到斜线的存在的孩子，大概占四五成。

不认识斜线的孩子，在幼年时期只要解决斜线的认知问题即可，但如果这个问题一直没有解决，随着孩子长大，该问题就会和其他问题错综复杂地结合在一起。比如会以"即使看到了斜线，也无法照着画下来，或难以建立空间立体感，不善于辨识图形"等形式表现出来。

如果想让孩子在平时生活中多多接触斜线，请在家中制作几条斜线吧！方法很简单，可以在和孩子视线持平的高度用黑色胶带贴一条斜线，或在大瓦楞纸板上画一条斜线，然后将瓦楞纸板铺在地板上，让孩子在上面走。也有在玩具盒或纸巾盒上贴斜线图的人。做好后放着即可，一点儿也不麻烦，请一定要给孩子做一个。

能清楚地看见斜线的孩子和看不见斜线的孩子，在今后的学习能力、适应能力上会表现出很大的差别。请让孩子多多接触如此重要的斜线吧！即使是难以注意到斜线的存在的孩子，反复让他（她）接触斜线，他（她）看到斜线的次数也会逐渐增多。

请不要吝于教孩子使用剪刀

"呀,小爱变发型了啊!"

当看到开门后从妈妈的身后探出脑袋的三岁小爱从原先的长发变成蘑菇头时,我不禁说了这么一句。

她的妈妈告诉我:"长时间没有声音,我想怎么这么老实呢,就过去看了看,结果发现自己把头发剪了。我曾带着她去美容院,当时她可能是一直在看我给顾客剪头发吧。因为只是一部分头发剪短了,所以后来我又给她在美容院把头发剪整齐了。"

小爱非常喜欢剪刀,会十分灵活地使用剪刀。平时总是以剪纸为乐的她,可能在看过妈妈给别人剪头发后就想模仿妈妈的手法给自己剪头发吧!其实,小爱不是特例,类似的例子我经常听到。

有的妈妈觉得幼儿用剪刀是不得了的事,因而在上幼儿园前一直不让孩子碰剪刀。其实,只要好好教,孩子一岁多就能使用剪刀。

起初妈妈可以边说"啪咔嚓、啪咔嚓"边给孩子看怎么开闭剪刀。孩子在看过很多遍后,自然就知道话语和动作的关系，记住"啪"即打开，"咔嚓"即关闭。

接着，妈妈可以剪纸给孩子看。请设法激发出孩子的动手欲望，让她产生"剪纸看起来是件快乐的事，我也想试试"的想法吧！如果先把日历等较厚的纸剪成1厘米宽的细长条，再边说"啪咔嚓、啪咔嚓"边把细长条剪成更窄的长条，剪下的纸就会飘落到各个地方。而孩子一看到飘落而下的纸条，就会特别开心。

如果这时孩子已对剪刀产生兴趣，请把剪刀递给孩子吧！在递剪刀前，请务必告诉孩子以下几点：

◎剪刀不是玩具，不能当玩具玩。
◎剪刀很锋利，用的时候如果不谨慎，就会很危险。
◎要在妈妈的监督下使用。
◎不可拿着剪刀跑来跑去或玩闹。

给孩子用的剪刀，请一定要慎重地选一选。如果因觉得剪刀很危险而递给孩子一把很钝的剪刀，反而会导致孩子受伤。而且，很钝的剪刀也会使孩子丧失干劲。所以，请递给孩子一把锋利的优质剪刀吧！请先上手试一试再购买。

在孩子第一次使用剪刀的时候，请父母在孩子身后和孩子一起拿着剪刀做上文所述的开闭剪刀的练习。待孩子能熟练操作后，妈妈可以让爸爸拿着纸，和孩子做一起剪纸的练

习。如果将剪下的纸放入平时使用的盘子或碗中，并告诉孩子"今天的饭是意式实心面哦""沙拉做好啦"，孩子就会涌现出干劲。

如果孩子已能独自使用剪刀，妈妈可以把剪成 1 厘米宽的厚纸条递给孩子，让她像剪彩色纸屑一样将纸条剪成四方形。孩子反复剪过几次后，就能快速剪出直线。

如果想让孩子变得更擅长使用剪刀，可以将上面画着曲线，并有长宽标线各 10 厘米的纸递给孩子，让孩子照着样品剪。剪好的成品一伸展开，就会呈现出如蛇一般一圈圈缠绕的形状，而孩子一看到这种形状，就会开心地想再剪一些。如果用的是像广告纸一样大小的纸，就能剪出两三米长的蛇。因为剪出这么长的蛇是件很难做到的事，所以妈妈可以把两三米长的蛇当作很好的教材。如果孩子每天都剪很多张纸，练一个月后就能成为剪纸小达人。

最后，请告诉孩子"在递给别人剪刀的时候，绝对不可让尖头朝向对方"。只要说一次，孩子就能记住。

培养孩子的文字能力

> 培养孩子的文字能力是一个长期的过程，需要家长耐心培养，积极参与，可以先从给孩子读绘本、读故事书开始，然后循序渐进。

读书给孩子听，丰富孩子的语言和心灵

我想应该无论谁的心里都藏着一段临睡前妈妈读书或讲故事给自己听的美好回忆吧！

我的妈妈或许就是现在人们所说的"教育型妈妈"。她经常读《古事记》给我听。我觉得当时的我肯定听不懂内容，但以昏昏欲睡着听妈妈的声音为乐的我，在不知不觉间就记住了"迩迩芸命""素戈鸣尊"等诸神的名字和一些故事情节。即使是现在，我依然能像回想发生在昨天的事一样，清晰地回忆起妈妈给我读过的书的封面和用手抚摸我时的感觉。

无论是出于想向幼小的孩子传达语言、知识的目的，还是为了让孩子享受与妈妈进行心灵沟通的快乐，都应该读书给孩子听——这是一个非常重要的举动。读书给孩子听，除

了培养语言外，还能培养孩子的倾听力和想象力。而且，因为书中有多元丰富的内容，所以这么做还能扩大孩子认知世界的能力。

经常有妈妈问我："应该从多大开始读书给孩子听？"

我每次都这么回答："越早越好啊！从宝宝还在妈妈肚子里的时候开始读，是最理想的。"

如果是刚出生的0岁孩子，请妈妈给她反复读一本书，并一天读五本吧！一本书至少读二十次，孩子才能明白书里写了什么，所以我建议采用"五本书中，每天反复读其中四本，剩下的一本为了让孩子享受变化的乐趣，每隔几天换一本"的方法。大人如果反复读同一本书，就会厌烦，但孩子却非常喜欢反复听。

我也经常听到这样的提问："读什么样的书比较好？"

并不是所有绘本都是好书，请尽量选择内容和质量都不错的书。有血腥的情节或孩子听着害怕的书，一定要避开。如果是绘本，由于绘本的图画一般都画得很大，所以请选择画面漂亮、格调高的书吧！童话馆集团的川端强曾说："绘本中的图画是孩子出生后看到的首部美术作品，我们想通过这些图画培养孩子对美的感受力。"

看过很多次书后，孩子就会有自己喜欢看的书。如果孩子对你说"再读一遍、再读一遍",请一定要反复读几遍。

两岁的和代很喜欢"桃太郎的故事"。这个故事她爸爸从她刚出生就给她读。据说刚满三个月的时候,她爸爸一说到她喜欢的故事场景,她就会笑出声来。她的妈妈说,这个故事现在都不知道读了几百遍了。

即使孩子已能自己看书,父母也要继续读给孩子听。孩子即使已识字,起初也只会把所有精力放在"读"上,并无法完全理解书里的内容。教孩子理解意思、感受情境,让孩子拓展想象空间、品味故事,是妈妈通过读给孩子听才能做到的。

经得起一代又一代的人反复阅读的经典名作,都有一个深奥的世界,都包含很多能为孩子的人生奠定基础的重要因子。这样的名作一定会给孩子带来积极的影响,因此请务必读给孩子听。如果孩子已上幼儿园大班,我还建议妈妈给孩子读伟人传。因为孩子在听伟人传的过程中能了解杰出人物的生活方式和思考方式。而且,如果孩子能在书中遇到自己所崇拜的人或想模仿的对象,也是一件很棒的事。书店或图书馆都有儿童图书推荐清单,清单中所列的图书都是从众多书中选出来的高质量图书,请妈妈在选书时将它作为参考。

在读书给孩子听时,我希望大家读到最后。有的妈妈看孩子睡着了，即使刚读到精彩之处，也不再往下读了。其实，孩子这时虽然身体已睡着，但大脑还暂时处于醒着的状态。因此，请妈妈一定要把书读完。

读书给孩子听的功效不仅限于此。通过给孩子读书，妈妈还能自然而然地将无穷的爱传递给孩子。可以说，这是一段妈妈和孩子进行心灵沟通的时间。请妈妈也好好享受这段亲子时光吧，也开心地读绘本给孩子听吧！如果妈妈这么做了，就能不断丰富孩子的语言和心灵。

让孩子通过玩游戏记住词语

纸牌也是一种能让孩子以玩游戏的轻松心情学习词语的娱乐用具（译注：纸牌分"读牌"和"取牌"两种，"读牌"上写着诗歌的上句，"取牌"上写着诗歌的下句。读牌的人负责读"读牌"，听牌的人负责在"取牌"中找对应的纸牌）。

在我的机构，我经常让孩子在课间时间玩纸牌游戏。每次玩，孩子们都很开心，并常常因有孩子要求"再玩一把，再玩一把"而难以结束游戏时间。喜欢玩纸牌游戏的孩子回家后也会专心致志地玩，即使和家人一起出门旅行，他们也会随身带着纸牌。

孩子们热衷玩纸牌游戏是因为这个游戏具备几个能给孩

子带来快乐的条件：能和妈妈或小伙伴一起玩；能用上自己所掌握的知识；喜欢竞争的孩子可以和别人一决高下。

在孩子们中也有这样的情况：不满足于只当一个找牌的人，明明只会一个字一个字地读，却想要当读牌的人，虽然读的时候结结巴巴的，让人听得云里雾里，但一直在十分努力地读。

如果孩子已会读单词，让孩子读纸牌即等于让孩子练习读短文。在读的过程中，孩子不仅能记住词语，还能记住动词、助词等文章构成要素。

第一次玩纸牌游戏，最好先从孩子容易上手并喜欢的纸牌开始玩起。虽然能让孩子学习谚语和其他知识的学习型纸牌通常拥有不错的学习效果，但如果从孩子无法乐在其中的纸牌开始玩起，孩子就会讨厌玩纸牌。所以，请孩子表现出兴趣后，再让这类纸牌发挥作用吧！

在我的机构，我一直让不认字的两三岁孩子玩图画卡片。每次我一读"新干线""消防车"，他们就会拼命地找对应的卡片。

听声音找对应卡片的纸牌游戏，不仅可以培养孩子的良好倾听姿态和说话能力，还能培养孩子的注意力和良好的性格等。

深受孩子喜欢的四字成语

某次课上,我在取出"一刀两断""天真烂漫""战战兢兢""心心相印"等四字成语卡片时看了一眼妈妈们,结果我看到一张张表情僵硬的脸。她们的表情好像是在说:"四字成语连大人都觉得难,却拿出来教孩子,老师是怎么想的呢?"

于是,我就对妈妈们说"请先看一看孩子们的表现。我们大人觉得难的东西,孩子们看起来却很喜欢哦",让妈妈们静观其变。接着,我对孩子们说:"那么,我们要开始了。老师先说一遍,然后大家跟着念吧!"随后,我刚指着卡片上的字念完"大器晚成",孩子们就用响亮的声音反复念。

即使我接连不断地读四字成语,孩子们也没有厌烦。当我想停下来休息时,孩子们都异口同声地要求我:"再读几个!再读几个!"

"以非为是""战战兢兢"等四字成语的读音很有意思,读这几个成语时,孩子们边互相看着彼此笑边读。我感觉他们即使连着读一百个,也不会厌烦。

妈妈们见此状,都不可思议地说:"这是为什么呢?如此难的成语，有什么有趣之处吗？我一点儿也不觉得有趣啊！"

孩子们能如此开心地读这么难的四字成语，我也觉得不可思议。仔细想想，这可能是因为四字成语是经过数百年乃至数千年时间的考验而留存下来的极其经典的词语吧！比如，"盛者必衰"这个成语出自《平家物语》，而《平家物语》是13世纪的作品。近一千年前的成语时至今日还充满生命力，大概是因为它是一个读音和内容一致、读起来具有很强节奏感且具有普遍性的优秀成语吧！

据说刚满三岁的小玲，当她喂养的热带鱼死去的时候，她说了一句："这是盛者必衰啊！"

同样也是三岁的小丽曾因晚上睡不好而在迷迷糊糊地起床后对妈妈说了一句"小丽昨晚辗转反侧啊"。听到小丽突然说出一个四字成语，她的妈妈很是惊讶。事后妈妈查了这个成语的意思，发现其意思和那晚小丽的实际情况很相符，便更觉得不可思议，总在心里想"孩子是怎么学会用的呢"。

类似的例子我还听过不少。看来孩子们不光能记住成语，还能理解其意思。

除了四字成语外，百人一首、俳句、谚语也具有很强的节奏感，妈妈们不妨挑战一下。孩子们或许很乐意记这些东西。

给孩子写简单的信

等孩子会读几个字后,请给孩子写信吧!孩子都非常喜欢读信。

起初我是为了让刚开始记字的孩子们反复读字,才开始给他们写信的。写过几次后发现写简单的信真的是好处多多。

妈妈可以先准备一些长20厘米、宽6厘米的纸,然后在纸上写上孩子的姓名和一句话——比如"美古,你好"。

如果边说"信来了"边把信递给孩子,孩子一定会开心地读信。反复读过几次后,起初只会逐字读信的孩子,也能流利地读出来。等孩子会念自己的名字后,妈妈可以不断更换信的内容。

"美古三岁了。"

"美古真可爱啊。"

"美古真棒啊。"

可以像上文所述般逐渐增加词语。为了让孩子以读信为乐,请使用赞语或孩子喜欢的东西的名字等词语吧!孩子一次能轻松读完十封信,如果每天都给孩子一封新写的信,孩子就能反复读很多信。如此一来,信就能成为孩子开心读字的一个练习工具。

一封简单的信除了可以作为孩子练习读字的工具，因平时工作忙而难以腾出空儿陪伴孩子的爸爸和妈妈还可以将它作为和孩子沟通的一个方法。

如果孩子还不会读，也可以写上"给小雪，来自妈妈"，并画上一幅画。

"久美，明天我们去看熊猫吧！来自爸爸。"

"小由，今天的点心是葡萄派哦！来自妈妈。"

"小丽，明天我们一起练习骑自行车吧！来自爸爸。"

如果在孩子的枕边放一个可爱的信箱，并在孩子睡觉的时候将信放入信箱中，我想孩子起床后一定会很开心地读信。爸爸或妈妈用心写出的信，应该是可以充分发挥沟通的作用的，而且，它还能作为孩子读字念文章的一个工具，让孩子逐渐具备语文素养。

待孩子熟悉这种简单的信后，还可以用"慢慢将信的内容增至两行、三行，并混入几个孩子不会读的字，或用汉字写孩子的名字"的方式逐渐配合孩子的成长节奏提升难度，这样也能给孩子带去快乐。或许在这期间父母和想写回信的孩子都会觉得交换书信是件快乐的事。

三岁的优奈曾将她在保育园画的奶奶画像用传真发给远

方的奶奶（说是奶奶的画像，其实就是一幅在一个圆里画了几条线的画），而其奶奶在收到后也快速发回了传真——传真上写了一句"优奈，谢谢"。

之后，因收到奶奶的回信而欣喜万分的优奈便请妈妈教她写字，并在不久之后给奶奶寄去了一封写着东倒西歪的名字和画着她喜欢的画的信。在她与奶奶不断交换书信、绘画作品期间，她自己学会了写"奶奶"。而且，不到半年的时间，她已能独自写不太长的信。

据说其远方的奶奶也将完全不同于电子邮件的信件交换视为一种乐趣。除了这种玩法外，简单的信还有很多开心的玩法有待我们去发现。

让文字变为近在身旁的东西

认字早的孩子两岁左右就开始对文字产生兴趣。当孩子问"这是什么""这个呢"时，请当场回答孩子吧！

不过，并不是所有孩子都是从两三岁开始对文字产生兴趣的。如果强行教孩子认字，孩子反而会对文字产生厌烦情绪。我们大人也是如此，如果第一印象不好，我们往往就会丧失行动欲望。

因此，如果想让孩子开心地认字，就请父母从若无其事地为孩子创造接触文字的机会，营造良好的认字氛围做起吧！

如果在玩具盒、孩子的所有物上写上孩子的名字，或者边说"你的信"边递给孩子一个只写着孩子的名字的信封，孩子即使不会读，也会特别开心。让文字变为近在身旁的东西，或许能为孩子的学习生涯开个好头。

本 章 小 结

◆在培养孩子时，请不要光想着"如何才能少浪费时间"或"提高效率的方法"，无论什么事都放手让孩子去经历吧！

◆在生活中经常有机会感受、记忆数字的孩子，自然能培养其良好的数感，为今后打下坚实的基础，并且他们在上学后也不会在算术科目上遇到挫折。

◆让孩子认识数字所对应的数量之所以是件重要的事，是因为很多会出声的数数、会写数字却不认识"数量"的孩子上小学后都在学算术的过程中遇到了困难。

◆如果即便是大人觉得习以为常的事物，妈妈也一一教给孩子，就能提升孩子的学习能力。

◆能清楚地看见斜线的孩子和看不见斜线的孩子，在今后的学习能力、适应能力上会表现出很大的差别，请让孩子多多接触如此重要的斜线吧！

◆教孩子理解意思、感受情境，让孩子拓展想象空间、品味故事，是妈妈通过读书给孩子听才能做到的。

◆一封简单的信除了可以作为孩子练习读字的工具，因平时工作忙而难以腾出空儿陪伴孩子的爸爸和妈妈还可以将它作为和孩子沟通的一个方法。

第四章
请把幸福生活的姿态展示给孩子

读到这里，想必大家都已知道"女孩是看着妈妈的背影长大的"这一点。在第四章中，我主要介绍"为培育出幸福的女孩，妈妈应牢记哪些事"。请妈妈先从自己能做到的事开始做起。

即使女孩带着很多能力出生,只要妈妈没有开发和培养孩子的这些能力,这些能力就无法被「激活」。

相信孩子的能力

> 父母在为孩子做什么时,是否思考"自己以为是为孩子好的事,对孩子将来独自生活是否真的能起到好的作用"这个问题,很是重要。

让孩子去体验失败

孩子都是在失败中学习,在失败中不断增长智慧的,可我在观察过很多妈妈后却发现,因觉得"孩子失败后看起来太可怜了"或"失败对身心有害,经历失败并非好事"而提前做好准备,不让孩子经历失败的事例,在现实生活中并不少见。

看孩子想攀登公园里的攀登架,就对孩子说"太危险了,不要去";觉得剪刀是危险品,别说用了,连孩子要碰一下,都说"不行"……这么做的结果是,孩子会成长为没有伤痛经历的人。

我可以理解妈妈为孩子着想的心情,但失败的经历对于将来要在社会上独立生存的孩子而言,是不可或缺的珍贵体验。只要不是真正危险的事，都请放手让孩子去体验吧！孩子做得不好也没关系。即使失败了，孩子从中学到的东西也能在今后的人生中发挥作用，让孩子更自信地面对生活。

孩子失败后父母采取什么样的应对方式也很关键。有的孩子好不容易有机会经历失败，其妈妈却因觉得"太可怜了""如果因此出丑就糟糕了"而替孩子做善后工作。孩子把水弄洒了，明明孩子已到能擦干地板的年龄，妈妈却先下手收拾了；孩子一忘带什么东西，就主动送到学校；妈妈为孩子的失败辩解……因为如此一来，孩子就无法拥有诸如"发现失败的原因出在自己身上""羞于面对失败或讨厌失败""琢磨失败后的应对方法"等之类的体验，所以对于有这样体验的孩子而言，"让珍贵的失败经历在今后的人生中发挥积极作用"这条道路已被死死封住。不知道失败为何物的孩子，既不知道社会的残酷，当他们长大后犯下无法挽回的重大错误时，也无法为此承担责任。这样的孩子最终只能成长为心灵脆弱的成人。

当孩子失败的时候，请父母静静地在一旁守候。父母即使很心痛，也不可插手、插嘴。妈妈一定要让自己具备很强的忍耐力。如果总是一个劲儿地说"太可怜了、太可怜了"，孩子将来真的会成为可怜人。

如果妈妈能同时做到"不惧怕失败,放手让孩子去挑战""让孩子去体验失败"这两点,失败就能成为孩子的珍贵经历,从而在今后的人生中发挥大作用。

父母真正有必要为孩子做的事

上小学二年级的优子的妈妈,一发现优子忘带什么东西,就会觉得"如果孩子因此被老师责骂,就太可怜了,孩子会很难受的",并为此坐立不安。即使爸爸下令禁止她给孩子送忘带的东西,她也会不由自主地将东西送到学校。这种事例我时常听到。我还听说有的孩子在发现忘带什么后会给家里打电话,让父母把东西送到学校。此外,我还听说有的老师在孩子忘带东西后会对父母说"小学低年级的学生忘带什么东西是父母的责任"等之类的话。

在我上小学的时候,也可能是因为当时是一个严格管教孩子的时代吧,不仅忘带东西会被严厉批评,连向同学借一支铅笔都被严加禁止。当时,在我们教室的后面贴着一张写有每个人名字的画纸,每次忘带作业、教科书、文具盒等东西,老师就会在对应名字的后面画一个叉。一旦叉变得越来越多,明知道是咎由自取,我也会产生厌烦的情绪。

如果当我忘带什么东西后,我的父母把东西送到学校,或许画纸上就不会出现叉,老师也不会因此批评我,而我也不会觉得难为情或产生厌烦的情绪吧!但如此一来,我就错过了一个为自己的粗心大意或懒惰懈怠付出相应代价的机会。

我一直认为,父母最好不给孩子送忘带的东西。因为是孩子自己忘记的,所以必须自己想办法解决。如果父母因觉得"孩子太可怜了""这样孩子就会在众人面前出丑""孩子不就会产生不愉快的情绪吗""孩子不就会被老师批评了吗"而把孩子忘带的东西送到学校,就等于是父母在替孩子承担失败。如果父母经常替孩子扛责任,无论长多大,孩子都无法做到"自己的事自己做"。这么做真的是为孩子好吗?请父母们认真思考一下这个问题。

和孩子一起成长

上小学一年级的由美子一直在妈妈的过度保护下成长,因而她总是无法自立,上学要用的东西,无论什么都要妈妈给她准备好。她妈妈意识到如此下去未来不堪设想,便向我咨询解决方法。马上让她独立做所有她应该做的事,不太可能,所以我的建议是慢慢来,先让她做到"自己穿衣服""为了防止忘带,第二天要带到学校的东西,自己提前放在玄关上"这两件事。我还用很强硬的语气对她的妈妈说:"不可把孩子忘带的东西送到学校,即使忘带的是便当,也绝对不能送。如果你这么做了,你们为孩子走向自立所作出的努力都会化为泡影。"

有一天,由美子真的忘带便当了。妈妈发现孩子忘带后担心得不得了,看时间还来得及,有好几次都想拿起便当往门外走,但最后都忍住了。虽然忍住了,但据说担心得连坐都坐不住,看到由美子精神饱满地从学校回来,才松了一口气。据说刚开门,孩子就兴奋地向妈妈报告:"妈妈,今天我用很短的筷子吃饭了哦!筷子是老师对半折断后给我的,同学们还给我好多饭菜。很好吃哦!"

妈妈告诉我,听到这个意想不到的结果,从早上开始一直处于担心、紧张的状态中的她马上如释重负地笑了。

妈妈还无限感慨地对我说:"我忍着没送,结果却收到了意想不到的惊喜。当时没送真是做得太对了。以后孩子可能会陷入窘境、在同学面前出丑或难受痛苦,但我绝不会把她忘带的东西送到学校。"

经过这件事,由美子的妈妈或许会产生"自己正在和孩子一起成长"的感觉吧!

父母在为孩子做什么时，是否思考"自己以为是为孩子好的事，对孩子将来独自生活，是否真的能起到好的作用"这个问题，很是重要。

请把幸福生活的姿态展示给孩子

> 女孩都是看着妈妈的背影长大的。请妈妈们把自己所知道的一切都告诉孩子吧,请多展示给孩子自己幸福生活的美好姿态吧!

请精心培养你的女儿吧

有一次我错开交通高峰时间坐电车,在电车上看到了两个相对而坐的大人。她们都带着一个孩子。

坐在我旁边的是一个大约二十五岁的妈妈和一个大约三岁的女孩。女孩频繁地和妈妈说话,可妈妈就是不理她。于是,觉得无聊的女孩不是对妈妈恶作剧,就是在座位上动来动去。但从头到尾,妈妈都是一副漠不关心的样子。

其对面坐着一个大约四岁的男孩和他的奶奶。他们看起来像是在去保育园的途中。当时,奶奶正在念摊开在膝盖上的绘本,而男孩则探着身子看书。奶奶时而讲讲书里介绍的鱼,时而和男孩聊几句,那真是一个美好的画面。而上面提到的那个女孩以及她的妈妈则与他俩形成鲜明对比:女孩时不时地大声呼唤妈妈,而她的妈妈虽然会惊讶地看着女儿,却没把女儿的不当行为当回事。不久之后,女孩觉得太无聊了,就爬到男孩旁边的座位上,如同压在男孩的身上一样开始看奶奶正在读的绘本。男孩动了动身体,试图摆脱女孩的压迫,可女孩就是不挪动位置。于是,男孩露出了为难的表情。而奶奶虽然也觉得被添麻烦了,但做不出推开女孩的举动,所以只好让这种状态一直持续到下车。在这期间,女孩的妈妈一直装聋作哑。车即将抵达终点的时候,妈妈说了一句"我们走",就站起来向车门走去,而女孩则慌慌张张地从座位上站起来,跑着跟在妈妈的身后。

这两个孩子虽然都以相同的方式来到这个世界,却因监护人养育方式的不同有了完全不同的成长经历——男孩被传授了丰富的语言和知识,而女孩却一无所知。等到上小学的时候,男孩应该会成为知道很多东西且能听懂老师的话的孩子。我想,学校对于他而言,应该是一个充满快乐的地方,在这个地方,他应该能通过学各种各样的词汇、不断吸收知识、广泛地交朋友,不断拓展自己的世界吧!

而那个女孩会变成什么样的人呢?或许没从妈妈那学到很多东西的她会以词汇量少、倾听能力和沟通能力都未得到开发的状态上小学吧!她应该也不知道该如何和人交往吧!

或许她连老师说什么都听不懂，或许学校在她看来就是一个不能给她带来快乐的地方。

即使女孩带着很多能力出生，只要妈妈没有开发和培养孩子的这些能力，这些能力就无法被"激活"。要知道，孩子的一切能力和可能性都是会随父母的养育方式发生变化的。

妈妈们，请为自己可爱的孩子着想，教她各种各样的东西吧！请精心培养你的宝贝孩子吧！

父母的话对孩子的影响很大

妈妈平时在无意之中说一些不恰当的话，是很正常的事，但有的孩子就是会被妈妈的无心之言伤害，并对此后的人生之路产生不好的影响。

真知子的妈妈在真知子小时候曾当着孩子的面儿对别人说："我怎么就生了一个这么丑的孩子呢！"深受这句话影响的真知子，长大后依然觉得自己很丑，对自己的容貌没有一点自信。到了二十多岁的时候，真知子决定改变外在形象，提升自己的气质，并为此做出了各种努力。最后，努力终于有了回报，她变成了一个美丽大方的女孩，几乎每次与人见面，她都能听到"你越来越漂亮了啊"这类的赞语。

真知子虽然靠自己的努力过上了幸福的生活，但小时候妈妈说的那句话一直是她心中的伤痛。如今已是一名优秀女子的真知子对我说：

"我真的非常讨厌被妈妈说'丑、丑'。而且，我真的一直认为自己长得丑。不断地被人说'你是一个什么样的人'，最后你真的会成为那样的人。所以，如果将来我生下的是女孩，无论她是个什么样的孩子，我都想不断地告诉她'你是一个很棒的孩子'。"

以谦虚为美德的日本人，即使有人表扬自己的孩子，也会说"哪里的话！孩子成绩并不好，我们都不知道该怎么办"，或明明知道孩子就站在旁边，也会在与朋友闲聊时说"我家的孩子很笨""孩子很任性，我真的很头疼"。有的夫妇甚至会当着不擅长运动或学习不好的孩子的面儿说一些诸如"孩子的运动神经不发达，都像你啊""孩子像你一样笨啊"之类的伤害孩子的话。

小绿原本就是一个不擅长运动的孩子，再加上她的父母经常对她说"运动神经不发达属于遗传，这是没办法的事"，所以即使是在幼儿园，她也不会做游戏、做运动。等到她上小学后，一到玩耍时间、上体育课时间，她就会很痛苦。

虽然她也经常练习，但因为"我的运动神经毕竟不发达"的想法始终占据上风，所以一到上体育课的时间，她就会因呼吸困难或肚子疼去医务室休息。不久之后，她连上学都觉得是件痛苦的事。她并未意识到自己有这些症状是因为父母的话对她产生了影响。

从这个例子不难看出，有时孩子就是会原封不动地接受父母在无意之中说的话。

有一次，我刚对在妈妈身边做作业的佳代说"加油哈，做得真不错啊"，她的妈妈就插嘴说："这个孩子和她的妹妹不一样，无论做什么都很慢。"

她的妹妹动作敏捷，无论做什么都能快速做好。因此，相比之下更为稳重的佳代，即使和妹妹做的是同一件事，也都是妹妹先完成。鉴于她的妈妈总不断地对孩子说"佳代做什么都很慢"这句话，我就对她的妈妈说："这类话最好不要说得过多啊！说多了，她就真会变成这样的孩子。如果真这样，你一定会很难受的！"

她的妈妈回答道："但是老师，佳代真的很慢啊！是不是没有办法纠正呢？是吧，佳代，你真的很慢吧！"

可能是因为想让佳代更加努力，或是因看着孩子没有像自己所期待的那样表现而有些心焦，妈妈才说这些话吧！听完她妈妈的这番话，我真担心佳代从此会丧失干劲。

妈妈未经深思熟虑便以轻松随意的口吻说出来的话，往往会让孩子深受影响——孩子今后可能就会不自信地活着。反之,如果孩子听到的是充满希望的积极话语,很可能孩子从此就会过上幸福快乐的生活。在我们身边,这样的孩子有很多。

人受话语的影响是非常大的。父母在培育孩子的过程中,否定的话、消极的话,即使是为了表现自己谦虚的一面,也请不要说。因为你在无意之中说的话有时也会给孩子带来很大的影响。

请重视孩子的梦想

在某次亲子课上，我对上幼儿园大班的孩子们说："长大后想当什么，请用笔画出来，并在大家的面前谈谈其原因。之后还要回答老师的提问哦。"

美红画的是穿着绿色的运动衫，张开手臂的自己。

她告诉我们："其实我最想当宇航员，但宇航员太难画了，所以我画的是我其次想当的体操老师。"

作为早产儿提前降临人世的美红曾在医院住过很长一段时间，现在她看起来依然有些虚弱。听到这个出乎意料的答案，坐在后面座位上的妈妈们都不禁欢呼起来。

于是，我对美红说："老师不会骑自行车，也不会跳跳箱，你能教我吗？"

美红回答道："老师，我教您！"刚说完这句话，她就拿来我放在教室角落的跳箱，边当场表演边讲解跳法。

佳奈边说"我长大后想当蛋糕店老板"，边画了一个站在摆有很多蛋糕的漂亮蛋糕店中的自己。在佳奈家，当妈妈做糕点的时候，佳奈和比她年长一岁的姐姐都会给妈妈当小帮手。据说在潜移默化之下，佳代也变得非常喜欢做糕点，而且她也经常开动脑筋，创作新型糕点。当我问她"老师可以去买糕点吗"，她回答道："嗯，可以啊！"在第二次课上，佳奈还给我们画了一张写有她自己创作的蛋糕配方、配有可爱的图的画。

亚美画的是带着白色帽子，在摆着几张床的病房中工作的护士。当我问她"为什么想当护士啊"，含着眼泪、强忍着没哭的她用颤抖的声音回答道："因为能帮助可怜的人。"当我问她"如果老师肚子疼，去医院看病，你给我看看吗"，她回答说："嗯，我给您看哦！"

下课后，她的妈妈对我说："我家孩子一副想哭的样子，是太紧张了吧！"

我告诉她的妈妈："在回答问题前，她就一直含着眼泪。虽然她平时充满朝气，很活跃，但她也有细腻的一面。"

我一说完，她的妈妈就感动地说："我都不知道我家孩子还有这样的一面，我平时对她很严格，以后我要多对她说温和的话。"

花店老板、飞行员、游戏软件开发员、英雄……在这次课上，孩子们都画出了自己未来想成为的人。在这之前，大部分妈妈都不知道孩子的梦想，也不知道孩子对待梦想的态度。

虽然大部分孩子的梦想会随着成长不断发生变化,但应该也有实现小时候的梦想的孩子吧!妈妈们,不要破坏孩子的梦想,请重视孩子的梦想,和孩子一起期待梦想的实现吧!

妈妈的笑脸有多重要

在某次亲子课上,我对十个幼儿园大班的孩子说:"把大家最喜欢的妈妈的脸画下来吧!"

结果和我预想的一样,大家画的都是妈妈的笑脸。无论是平时说"我讨厌妈妈,因为她很可怕"的孩子,一遇到什么不如意的事就打妈妈的孩子,还是因总是说任性的话而让妈妈很苦恼的孩子,总是一个劲儿地抱怨妈妈的孩子,都非常喜欢露出笑容的妈妈。

那次课上,无论哪个孩子都会说"妈妈一笑,我就很开心",并把自己画的妈妈画像给我看。看这些画像的时候,我既欣慰又感动。

平时总会挑孩子的各种毛病(比如"画得不好""声音小")的妈妈们,这个时候也默不作声地看着自己孩子的作品。她们好像都在思考着什么。

遗憾的是,深受孩子喜爱的妈妈的笑脸,如今正在不断地减少。很多妈妈在带孩子坐电车时,不是对孩子发牢骚,就是即使孩子主动搭话，也沉默不语。在走路或逛超市时，我也经常看到类似的情景。

后来，我又找机会让孩子们画了他们最喜欢的爸爸的脸。也像画妈妈的脸一样，所有孩子画的都是爸爸的笑脸。

当我看到这个结果后，我觉得我们大人有必要再次思考一下"对于孩子们而言，爸爸、妈妈的笑脸到底有多么重要"这个问题。家中的笑脸越来越少，或许是导致家庭破裂、校园欺凌现象频发、孩子不断出现各种问题、社会变得越来越冷漠的原因之一吧！我想，如果妈妈的脸上经常绽放孩子非常喜欢的笑容，不仅孩子回家后能开心地度过在家的时光，拖着疲惫的身子下班的爸爸也能安心地休息吧——应该所有人都能安心而快乐地生活。妈妈的笑脸远比妈妈想象的重要。想必妈妈本人也是有人冲自己微笑才会更开心吧！

"福临笑家门"，正如这句从古流传至今的谚语所说的那样，笑脸一定具有使人变幸福的魔力。

送给妈妈们一首诗

女孩都是看着妈妈的背影长大的。请妈妈们多给女儿展示自己幸福生活的美好姿态吧！最后，我送妈妈们一首诗，希望妈妈们都能像诗中所述般怀着感恩的心培养自己的女儿。

孩子，谢谢你来到我的身边，让我做你的妈妈。
生下你，是妈妈这辈子最幸福的事。
妈妈的怀抱是你人生开始的地方哦！

孩子，在以后的日子里，无论你身处何地，
都只需边思考自己想做什么、喜欢做什么，边生活。

为了让你拥有更好的人生，
妈妈和爸爸会把我们所知道的一切都告诉你。

孩子，全世界只有一个你，
请充分发挥你的才能，
绽放专属于你的美丽花朵，
并给周围人带去幸福吧！

如果你这么做了，幸福就会如滚雪球般越滚越大。
而且，幸福会代代相传，
你的孩子，以及孩子的孩子都能幸福地过完一生。

妈妈会一直守护在你的身边。

孩子，妈妈由衷地谢谢你，
谢谢你来到我的身边，让我做你的妈妈。

本章小结

◆当孩子失败的时候，请父母静静地在一旁守候。父母即使很心痛，也不可插手、插嘴。妈妈一定要让自己具备很强的忍耐力。

◆如果父母经常替孩子扛责任，无论长多大，孩子都无法做到"自己的事自己做"。

◆即使女孩带着很多能力出生，只要妈妈没有开发和培养孩子的这些能力，这些能力就无法被"激活"。

◆父母在培育孩子的过程中，否定的话、消极的话，即使是为了表现自己谦虚的一面，也请不要说。

◆妈妈们，不要破坏孩子的梦想，请重视孩子的梦想，和孩子一起期待梦想的实现吧！

◆如果妈妈的脸上经常绽放孩子非常喜欢的笑容，不仅孩子回家后能开心地度过在家的时光，拖着疲惫的身子下班的爸爸也能安心地休息吧！

后记
幸福是由妈妈传递给孩子的

有人认为"孩子就是上天赐给自己的天使"。

无论科技如何发达，我们人类都无法制作出一粒长在道边的草种子、一只小虫子。从这个意义上我们的确可以说，借我们的身体降临人世的孩子就是上天赐予我们的天使。

生有女儿的妈妈，我想无论谁，都从心里希望自己的女儿成长为充满朝气、深受大家喜爱、拥有幸福人生的温柔女子吧！但是，要想实现这个愿望，妈妈的养育方法很重要。通常，对孩子最重要的妈妈的慈爱之心和无私的爱，能帮助妈妈如愿以偿。

具体说来，要想实现愿望，妈妈就必须爱孩子，和孩子有足够多的亲密接触，让孩子的内心充满温柔和幸福——是否这么做非常重要。身心都得到过并切实感受到过真正的温柔和幸福的孩子，自然能做出温柔的举止，因而也能得到大家的喜爱。这样的孩子等她将来生育孩子后,我想应该也会像她妈妈对待她那样,将孩子的内心填满温柔和幸福吧!幸福就是这样由妈妈传递给孩子,再由孩子不断地传给未来,传向更广阔的世界的。

婴儿刚出生的那个瞬间,我想无论哪个妈妈都会在心里祈愿"希望孩子健康平安地长大"吧!让对世界一无所知的孩子了解自己的父母,尤其是妈妈要承担各种各样的事情。婴儿一开始慢慢长大,妈妈就应尽心去养育他(她)。因为将降临人世的婴儿培育成能独立生活的人,是父母的责任,所以教育孩子也属于顺应自然的发展趋势。

然而,有的妈妈却在这个时候采取了破坏孩子能力的养育方式。这样的妈妈即使热心于孩子的教育,也无法看到好的结果。请看看以下几种让我有些担心的妈妈类型吧!

◎因觉得自己必须当个好妈妈而拼命努力的妈妈。

◎热心扮演好妈妈角色的妈妈。

◎想让孩子实现自己未能实现的愿望的妈妈。

大部分人即使是这三种类型中的一种或多种,也意识不到自己就是这样的妈妈。大部分妈妈都认为自己所做的事最有利于孩子的成长。

我们周围也有因不考虑孩子所具备的能力和特点,只会强迫或要求孩子做力所不能及的事,而最终断送孩子一生的妈妈。这样的妈妈虽然很认真地替孩子着想,热心于教育工作,但她们并不了解孩子的真正需求。她们总是更重视自己的"想法"和"愿望"。

我们在教育孩子时,单方面强加于人的做法并不能让自己顺利开展教育工作。每个孩子都拥有独特的人格,我们必须因材施教。

我们无法以百分百的理想的方式抚育孩子,妈妈如果想让自己的宝贝孩子健康成长,并拥有幸福的人生,请经常反思自己的育儿方式。

在当今这个提倡"男女平等"的时代,谈论女性的职责、女性应具备的品质,有时会被看作是落伍于时代、尊崇男尊女卑的表现。其实,虽然男人和女人作为人是平等的,但各自具有不同的特点和作用也是不争的事实。而且,因为男人和女人只是在发挥的作用上存在差异,所以也不存在哪方更优秀的说法。

请回想一下我在前文提到的蒲公英的例子。如果将女性比作蒲公英,女性只需努力绽放自己,让生命发光,享受身为蒲公英的快乐。如果你想让自己成为健康、温柔、体贴、有品格的妈妈,请具备用笑脸点亮周围、创造快乐的家庭氛围的能力,掌握一定的育儿知识并能好好培育孩子,自己是否一直有意识地让自己朝这个方向努力，很是重要。

或许你会在心里想"我不可能成为如此理想的女性"。"我也是一个满身都是缺点的人"。但我觉得，只要是能为成为一朵漂亮的蒲公英而付出坚持不懈的努力，就已经足够了。

有人曾以家有从幼儿园孩子到高中生孩子的妈妈为对象，做了题为"请说出对你的人格形成影响最大的人"的问卷调查。其调查结果显示：回答妈妈或爸爸的人占八成，可能是回答者均为女性的缘故，回答妈妈的人占半数以上。我想，在无意识中接受妈妈的影响的人，应该也有不少，所以实际上受妈妈的影响最大的人应该远远多于半数。妈妈在孩子的成长过程中所起的作用之大、所肩负的责任之重，我们从这可以略窥一二。

是妈妈在孕育生命，也在养育生命，当然这也离不开男性的支持与帮助，但妈妈显然有着更为重要的作用。

给予我撰写本书机会的PHP研究所的小笠原绫，在我中途不知怎么往下写时，给了我很多鼓励和建议，帮了我不少忙。正是有了他的帮助，这本书才得以出版。在这里，我要对小笠原绫表示最衷心的感谢。

正司昌子